7080 병영일기

아들에게 들려주고 싶은 아버지의 군대이야기

안 치 환 지음

울도국

■ 차례

■ 책머리

군대를 제대한 지 27년, 입대한 지는 어언 30년이 되었다. 요즘도 1년에 한두 번 정도 군대에 관한 꿈을 꾼다. 제대할 날짜가 지났음에도 유독 내게만 제대 특명이 내려오질 않아 제대를 못하고 있다든가 병역을 마쳤는데도 또다시 입대하게 되어 그 억울함을 아무리 하소연해본들 이를 받아주지 않아 가슴앓이를 하는 것들이었다. 이렇게 유쾌하지 못한 꿈을 아직도 꾸는 것은 나의 무의식 속에 '군대' 라고 하는 것이 깊이 각인되어 있기 때문일 것이다.

대한민국의 안녕과 번영은 신성한 국방의 의무를 수행하는 군인들의 피와 땀과 눈물을 담보로 하고 있음을 볼 때 전역하는 이 나라의 수많은 젊은이들이 이에 대한 보람과 긍지를 가질 법도 하건만 그렇게 생각하는 사람이 많지 않다는 것은 사병으로서의 병영생활이 그리 녹녹하지 않았기 때문일 것이다.

고작 무용담이나 단지 희화화 할 소재거리로 여길지라도 영화필름처럼 떠오르는 한 컷 한 컷의 상황들이 그저 웃어넘길 정도의 헤픈 것들은 아니었다.

군대생활 34개월, 짧지도 그렇다고 아주 길지도 않은 기간이었지만 병영에서의 일상을 대한민국 남자라면 누구나 겪었던 젊은 시절의 한갓 추억쯤으로 얼버무리기에는 아쉬움이 남을 것 같아 제대하자마자 애환이 깃든 감성적인 사연들만을 걸러내 스케치하듯 메모를 해놓았었다.

남자들의 군대이야기라고 하면 신물 나게 들었을 것이고 때문에 식상해 할 법도 하겠지만 구태여 책으로 발간하게 된 이유는 군대생활 3년의 공백기를 무언가로 채워서 남겨두어야 만이 그 허전함을 보상받을 수 있을 것 같았고 무엇보다 군 입대를 한 해 정도 남겨놓은 아들에게 아버지의 군대생활을 들려줌으로써 정신적인 예방백신주사와 같은 효과를 얻고자 함이었다.

내가 근무했던 곳이 해병대나 공수부대와 같은 특수부대도 아니어서 남다를 것이 없다할 병영생활을 이렇듯 활자화하는 것은 나만의 아집이 없지 않은 듯하여 붉혀진 얼굴을 감출 순 없지만 당시의 시절을 무시로 넘나들며 병영생활을 되새길 수 있는 계기가 마련되었다는 것이 다소나마 위안으로 여길 수 있기 때문이다.
※ 2008년 출판준비를 마치고 2011년 전자책 출판에 이어 2015년 종이책으로 출판하게 되었다.

2015. 2. 10

논산훈련소에서

입영환송

내일이면 집결지인 목포로 가야하기 때문에 오늘이 입대 전 고향에서 보내는 마지막 날이었다. 우리의 선배들이 쭉 그래왔던 것처럼 한 동네에 사는 동갑내기 네다섯 명을 비롯해서 후배 서너 명과 함께 읍내로 나가 위로의 술자리를 갖게 되었다. 한 마을에 사는 동갑내기 대부분이 몇 개월에서 1년 정도 먼저 군대를 갔었기 때문에 자리를 같이한 동갑내기는 보충역이거나 방위 근무자들이었다.

1년 전 신체검사 받을 즈음, 혹여 라도 방위로 복무할 수 있는 길이 있을까 싶어 군청에 다니는 집안 형님께도 부탁드려보았지만 허사여서 다른 묘안을 찾게 되었다. 말굽자석으로 모래 속을 휘저으면 자석 끝에 까만 쇳가루가 붙게 되는데 이 쇳가루를 밀가루 풀과 섞어 가슴팍에 바르고 신체검사 당일 아침에 신체검사장으로 갔었다. 쇳가루를 가슴부위에 붙이고 X-레이를 찍으면 폐에 질환이 있는 것처럼 보이기 때문에 현역대상이 아닌 방위나 보충역으로 빠질 수 있다는 얘기를 누군가로부터 들었기 때문이었다. 다행히 다른 신체검사보다 X-레이 촬영을 먼저 하게 되었다. 요즘처럼 러닝셔츠를 입은 채 X-레이를 찍은 것이 아니라 웃통을 드러내놓은 채 찍게 되어 속옷을 벗고 보니 쇳가루를 바른 내 가슴팍에는 생채기에 붙은 딱지 같은 것이 덕지덕지 엉켜있었다. 보충역이니 방위니 하는 생각은 오간 데 없고 우선 옆에 있는 장정들의 눈에라도 띄지 않을까 걱정이 되어 얼른 손으로 가슴팍을 비벼버렸다. 이날의 신검결과는 1급 현역대상이었다. 이 날만은 건강하다는 것이 오히려 실망스러웠다.

입영통지서를 받고부터는 휴가 나온 친구들을 볼 때마다 그들이 대단해 보였다. 그들로부터 들은 무용담은 한편으로 재미도 있었으나 다른 한편으로는 그들의 눈물과 땀이 배어 있었음을 알 수 있었는데 내게는 큰 부담으로 다가오기도 했다.

오늘 자리를 같이한 보충역이나 방위병들이 그렇게 부러워 보일 수가 없었다. 이날의 주인공인 내게로 모든 술잔이 집중되었다. 당시에는 주로 막걸리를 많이 마셨다. 시골 농촌에 사는 우리들이 막걸리를 자주 마셨던 이유는 소주의 안주 값보다 막걸리 안주 값이 훨씬 저렴했던 탓도 있었다.

그 술집 안에는 다른 팀들도 옆자리에서 술을 마시고 있었는데 무슨 연유에서인지는 모르겠으나 그들과 시비가 붙게 되어 결국 파출소까지 불려가게 되었다. 다행히 그곳의 경찰은 내가 내일 군대 간다는 말에 간단하게 조서를 꾸민 후 내보내 주었다.

파출소를 나와 골목길로 접어들 때 아까 그 술집에서 다툼이 있었던 그들이 길을 막고서 내게 행패를 부렸다. 인사불성 일보직전의 상태로 내 몸 가누기도 힘들었다. 순간 정신을 잃었다 눈을 떠보니 나는 무너진 블록 담장과 함께 누워있었다. 당시의 희미한 기억에 의하면 내가 그들의 주먹을 맞고 담장에 부딪혀 넘어졌던 것 같다.

그 다음날 부모님과 친지들의 전송을 받고난 후 읍내 버스정류장을 가기 위해 후배들과 함께 마을 어귀를 돌아 나오자 나이가 들어 보인 아주머니와 젊은 남자가 나를 기다리고 있었다. 남자가 내 손목을 붙들고 어제 무너진 담장 값을 물어내라고 나를 닦달했다. 나는 상대방이 나를 밀어뜨려 담장이 무너졌으니까 상대방 쪽에 변상을 요구해야지 지금 입대하는 놈이 무슨 돈이 있겠냐고 하면서 그 곳을 어렵사리 빠져나왔다.

내 살던 마을에는 전설 하나가 전해 내려오고 있다. 오랜 옛날 어느 고승이 마음씨 착한 며느리에게 시댁을 떠나는 길에 어떠한 일이 있어도 절대 뒤를 돌아보아서는 안 된다고 심심 당부를 했음에도 뒤 따라 오던 시아버지의 절박한 부름에 그만 뒤를 돌아보고 말았고 며느리는 그 순간 바위로 굳어져 버렸다는 전설이 그것이다. 그 형상이 마치 쪽진 머리의 여인을 닮아 며느리 바위라 일컫는데 그 며느리 바위의 전설이 깃든 억불산의 능선이 마치 여인의 치맛자락처럼 펼쳐진 끄트머리에서 비바람 가려 의지할 만한 곳을 찾아 고즈넉하게 위치하고 있다. 가지산에서 발원하여 읍내를 가로질러 흐르는 탐진강을 끼고 있어 그 토질이 기름진 한들이 시작되는 곳이기도 하다. 춘사월의 아지랑이 너머로 아련히 드러난 마을의 모습을 읍내 버스터미널에서 바라보니 그 어느 때보다 정겨워 보였다.

손을 흔들어 전송하는 후배들의 모습이 점점 멀어져 가고 있었다. 대문 밖에서 몸 성히 군복무 잘하고 돌아오라면서 눈물 닦으시는 어머님과 사내대장부면 누구나 가는 군대인 만큼 어떤 어려움도 극복해야한다고 말씀하시는 아버님의 모습이 목포행 버스의 차창에 스치는 가로수와 겹쳐 떠오르기도 하였다.

고향에 다시 발을 내디딜 날은 지금으로부터 10개월 이후 첫 휴가 나올 때가 될 것이다. 내게도 그런 찌릿한 기회가 주어지리라는 것이 확실할 것임에도 그 10개월을 어떻게 이겨낼 것인지 초조한 심정을 감출 수가 없었다. 또한 3년의 군대생활을 마치고 제대하는 날이 과연 내게도 오려는 지도 모를 까마득한 미래를 생각하는 것 자체가 주제넘음을 자책하기도 하였다.

서녘하늘의 붉은 노을 속에 감춰진 태양의 불빛이 서서히 사그라져가고 저녁 짓는 농가 곳곳에서 하얀 연기가 솟아오르는 시골 정경을 벗어나자 차량과 인파가 수선스러운 도회지로 들어 선가 싶더니 무심한 버스는 더디 가지 아니하고 어느새 목포 시외버스 터미널에 진입하고 있었다.

입영전야

내일의 집결장소는 목포에 있는 유달초등학교 운동장이었다. 버스에서 내린 나는 우선 오늘 하룻밤을 묵기 위해 유달초등학교 인근의 한 여인숙을 잡았다.

목포는 내가 사는 고장과는 100킬로미터 안팎에 위치하고 있어 먼 거리는 아니었으나 처음 와보는 곳이었다. 목포하면 가장 먼저 떠오르는 것은 유달산과 삼학도였다. 이는 한때 세인들의 심금을 울렸던 이난영의 '목포의 눈물' 이라는 유행가의 가사 때문일 것이다.

유달산은 노령산맥의 맨 마지막 봉우리이자 다도해로 이어지는 서남단의 땅 끝에 자리 잡은 해발 230미터의 나지막한 산이다. 임진왜란 당시 충무공 이순신 장군이 이엉으로 바위전체를 덮어서 마치 아군의 군량미처럼 위장함으로써 우리의 군사가 엄청난 것처럼 보이게 하여 겁을 먹은 왜군이 전의를 상실하고 도망가게 했다는 설화가 전해오는 노적봉이 이 산의 남단에 있다. 유달산 남쪽으로는 세 처녀가 젊은 장수를 사모하다 죽어 학으로 환생하였으나 젊은 장수는 이를 모른 채 학을 활로 떨어뜨렸는데 그 곳에 세 개의 섬이 솟아나서 삼학도(三鶴島)라 불리는 섬이 있다.

ㅁ자 형태의 전통 한옥 건물인 이 여인숙은 마당을 중심으로 빙 둘러 작은 방들이 즐비하였고 마당 한쪽에 땅바닥에서 불쑥 솟아오른 수도꼭지 주변에는 하루일과를 마친 노동자들이 몸을 씻고 있었다. 내가 묵을 방의 옆방 툇마루에는 부스스한 젊은 여인이 방금 잠에서 깨어난 듯 하품을 한 채 쭈그려 앉아 남은 잠기를 떨쳐버리지 못하고 있었다.

나는 여인숙을 나와 인근에 있는 이발소로 갔다. 그곳에는 벌써 많은 사람들이 모여 있었다. 대부분이 내일 입영을 하기위해 온 내 나이 또래의 젊은이들이었다. 이발사의 바리캉이 이마에서부터 정수리까지 밀고 간 자리가 밀림 속의 도로를 개설하듯 하얗게 드러났고 이 때 마다 무성한 수목들이 무기력하게 베어지듯 머리카락이 잘려나가고 있었다. 마침내는 제사상에나 올려 질 법한 하얀 밤톨처럼 깔끔하게 다듬어 놓았다.

그 중의 어떤 이는 눈물을 비치기도 하였고 어떤 이는 자신의 변모된 꼬락서니를 보고 이렇게 잘 생겼는지 처음 알았다며 진작부터 머리를 깍지 않았던 것이 후회스럽다고 능청을 떨기도 하였다. 당시에는 장발이 젊은이들에게 유행이었다. 장발에서 삭발로 변한 모습은 정말 딴 사람이었다. 젊음의 혈기는 오간데 없고 모두가 한 마리의 순한 양이요 속세의 번뇌에서 해탈한 수도승이었다.

이발소 거울 앞의 내 모습은 낯선 이방인이었다. 내가 보기에도 민망해 보였으며 모자를 준비하지 못한 것이 못내 아쉬웠다. 주위에 나를 아는 사람이 없다는 것이 다행이었다. 춘 사월의 봄바람이기는 하였지만 머리부위에 스친 밤바람의 찬 기운은 나를 새삼 위축시키기에 충분하였으며 마치 신체의 일부라도 잃은 듯 허전하기 이를 데 없었다.

이런 모습으로 여인숙에 들어가니 주인아주머니는 방이 없다며 미안해하면서 다른 곳에 가보라고 하였다. 나는 어이가 없었다. 몇 시간 전에 이곳에 와서 방을 잡아놓고 나갔다 온 것이라면서 내가 잡아놓은 방을 가리켰더니 그때서야 삭발한 내 모습을 알아보고서 아까 그 사람이 당신이었냐며 웃음으로 미안함을 대신하였다.

여인숙의 방안에는 단출한 침구가 개어 있었고 허름한 벽에 매달려있는 작은 거울이 먼저 눈에 띄었다. 이제까지 보아온 모습과는 딴판인 거울 속의 허상은 참으로 초라하였고 보잘 것이 없어 보였다. 내일이면 논산훈련소에서 갇혀있을 거울 속의 허상이 불쌍하기까지 하였다. 이 보잘 것 없는 놈이 이 나라의 국방에 무슨 도움이 될 것이라고 입대시키는지 정부가 원망스럽기까지 하였다.

새로운 모습에 적응하고 이를 극복하기 위해서는 굳은 마음가짐이 필요한 만큼 마음을 다잡기 위해 온갖 상념을 떨쳐버리고자 하였어도 흑백영화 필름 돌아가듯 지난 일들이 연이어 떠올랐을 뿐만 아니라 다가올 미래에 대한 두려움마저 겹쳐 새벽까지 쉽게 잠들 수가 없었다.

여명에 의해 방안의 어둠이 가실 때쯤 벽 하나 너머에서 들려오는 질펀한 사랑 행각에 그나마 잠에서 깨어났으나 잡념의 나래를 접을 수 있었던 것은 수도승 같은 두상을 만진 촉감 탓이었다.

장발과 달리 삭발은 머리감기가 수월하였다. 비누칠하기도 용이하였을 뿐만 아니라 비눗물 헹구기가 훨씬 간편했다. 수건으로 머리를 말리고 있던 중 쌀을 함박에 담아 방문을 나서는 옆방의 젊은 아낙이 고개를 잔뜩 수그린 채 나와의 시선을 의도적으로 외면하였다.

여인숙을 나와 구멍가게에서 빵과 우유로 아침을 때우고 유달초등학교로 향하는 발길이 한없이 무겁기만 하였다.

입영열차

유달산과 지척거리에 있는 유달 초등학교 운동장에는 벌써 많은 사람들로 북적거렸다. 삭발들 주변으로 그들의 부모, 형제, 친구 또는 애인으로 보이는 여자와 함께 있는 모습들이 마치 초등학교 입학식장처럼 보였다. 그들 중에는 나처럼 혼자 있는 경우도 있었는데 그들의 삭발한 몰골은 더욱 초라하게 보였다.

더구나 막일이나 하면서 입을 법한 남루한 옷차림에 검정고무신을 신고 있는 경우도 있었는데 허리춤에 쪽박이나 깡통을 차게 되면 영락없는 각설이 신세였다. 나도 그렇게 보였을 것이다. 삭발을 감추기 위해 대부분이 모자를 쓰고 있었다.

초등학교 졸업 후 처음 본 동창들도 만나게 되어 반가웠으나 서로 간에 몸조심하고 제대 후 건강한 모습으로 다시 만나자는 것과 한 부대에서 같이 근무했으면 좋겠다는 말 이외에는 달리 할 말이 없었다.

교단 주변에는 진작부터 십여 명의 군인들이 '후송' 이라고 적힌 밤색바탕의 완장을 한 쪽 팔에 찬 채 하얀 색깔의 우렁이만한 호루라기를 목에 걸치고 있었다. 특히 옻칠처럼 반질반질한 군화가 돋보였다. 그들의 건장하고 양양한 모습은 그렇지 않아도 긴장하고 있는 삭발들을 더욱 초조하게 만들었다.

이들은 삭발들을 논산 훈련소까지 후송하기 위해 온 군인들이었다. 어느 시점엔가 실외 스피커에서 몇 마디가 흘러나오자 여기저기서 분출하는 호루라기 소리는 마치 키질하여 알곡만을 가려놓듯 가족들로부터 오백여 명 정도의 삭발만을 분리시켜 놓았다.

2열종대로 길게 늘어선 대열은 목포역으로 향하고 있었다. 그 행렬주변에는 운동장에 있었던 환송 나온 가족들도 같이 걸어가고 있었다. 길가의 시민들은 우리들의 긴 행렬에 아랑곳하지도 않고 자신들의 목적지를 향해 바삐 걸어갈 뿐이었다. 그도 그럴 것이 이곳에서는 거의 월례행사나 다름없었을 것이므로 전혀 신기할 것도 없어 보였을 것이다.

목포역에 도착하자마자 한순간의 쉴 틈조차 주지 않고 삭발들을 객실로 밀어 넣었다. 우리가 앉은 좌석은 2인석이었으나 3명씩 앉게 하여 6명이 서로 마주보고 있었다. 가까이서 마주한 몰골들이 망측해 보였고 다들 긴장감을 떨쳐버리지 못한 듯 잔뜩 굳어 있었다. 이미 각오를 하지 않았던 바는 아니지만 이런 불편한 자세로 몇 시간을 버티고 가야 할 형편이고 보니 사람 취급받기는 이젠 끝이구나 싶었다.

아직도 플랫폼에는 환송 나온 사람들이 그렇게도 할 말이 많은지 창문을 통해 아쉬움을 달래고 있었으며 사방에서 시끄럽게 들려오는 호루라기 소리는 혹시라도 있을 안전사고를 예방하기 위한 완장들의 목청을 대신하고 있었다.

기적소리와 함께 기차는 속세의 뒤안길을 헤쳐 나가 듯 서서히 그리고 도도하게 플랫폼의 우울한 환송인파를 뒤로 한 채 뒤뚱거리며 역사를 빠져 나아가고 있었다. 일제강점기에 강제징용으로 끌려갔었던 그 분들의 기분이 과연 어떠했을지 짐작하고도 남을 일이었다. 도회지 변두리의 기찻길 옆에는 가난에 찌든 살림살이가 적나라하게 드러나 보였다.

그때까지만 해도 비교적 위압적이지 않았던 완장들이 순식간에 돌변하여 군기를 잡기 시작하였다. 가뜩이나 좁은 공간에서 반복된 기합들은 비록 제자리에서 하는 것들이었지만 처음 해보는 것이어서 여간 괴로운 것이 아니었다. 이들은 마치 포로수용소로 끌려가는 듯한 장정들의 우울한 심정을 군기를 통해 제압하고자함이 역력해 보였다. 점심시간이 되자 우리에게는 전투식량이라는 건빵이 한 봉지씩 주어졌다. 그것의 크기는 시중에서 파는 것보다 두 배 이상 되어 보였고 그 안에는 조그맣고 하얀 별 사탕이 들어있는 작은 비닐봉지가 함께 들어있었다.

별 사탕과 함께 먹은 건빵은 아침도 제대로 먹지 못한 나에게는 한 끼 정도를 해결하는 대용식이 될 수 있었으나 마실 것도 없이 꾸역꾸역 삼킬 수밖에 없는 한 봉지의 양은 너무 많았다.

철로 주변에는 허술한 주택들이 즐비하게 늘어져 있었고 이런 곳을 지나칠 때마다 어린 꼬마들이 건빵을 달라고 아우성이었으며 어쩌다 창문 너머로 던져준 건빵봉지를 서로 차지하기 위해 뒤엉켜 몸싸움을 하기도 하였다. 이들은 후송열차가 언제 어느 때쯤 지나간다는 것을 알고 미리 철로 주변에서 대기하고 있는 듯 보였다.

기차는 쉬엄쉬엄 끝도 없이 가는 듯하더니 서산에 붉은 노을이 깔리고 어둠이 밀려올 때쯤 되어서야 멈췄다. 그렇게 논산은 멀고도 먼 곳에 있었다.

볼기 사이

목포역에서 오전에 출발하여 땅거미가 질 무렵에야 논산의 연무역에 도착한 기차는 칸칸마다 삭발들을 토해내듯 뱉어 내놓았다. 이미 그곳에 대기하고 있던 또 다른 완장들의 호루라기소리는 삭발들의 정신을 빼놓을 정도로 요란하였다. 목포에서 삭발들을 후송한 완장들은 논산 훈련소에서 나온 새로운 완장들에게 인계 인수하였다. 몇 번이나 반복된 인원점검을 마치자, 새 완장들은 삭발들을 마치 미운 오리새끼 대하듯 오리걸음을 시켜가며 연무대 안으로 몰아넣었다.

연무대 안으로 들어서자마자 이들 중 한 완장이 삭발들에게 엄포를 놓았다.

"이 시간부터 너희들의 육체는 너희들의 것이 아니라 국가의 것이다. 이제부터 너희들의 육체에 스며든 사제(私製)를 완전히 제거하여 국가에서 필요로 한 물건으로 만들어 놓겠다."

위압적인 분위기에 잔뜩 주눅이 들어 풀죽어 있었건만 완장들은 표독스런 들개처럼 삭발들을 이리 굴리고 저리 굴렸으며 손에 하나씩 들고 있는 긴 막대는 춤을 추듯 하였고 그들의 군화 또한 삭발들의 가슴과 옆구리를 가리지 않고 공격하였다. 이들은 삭발들을 목포에서 논산까지 후송하였던 그 완장들과는 사뭇 달랐다.

입대하기 전부터 일찌감치 군에서의 고생을 각오하지 않았던바 아니었으나 이들의 만행에 숨쉬기조차 어려웠다. 삭발들의 흉측한 몰골들이 비록 하찮게 보였겠지만 이들 중에는 사회에서 주먹께나 쓰는 왈패들도 있었을 것이고 더러는 군대 갈 나이를 훨씬 넘긴 형님 같은 분도, 사회적 지위를 가진 자도 있었을 터였다. 별의별 사람들이 다 모여 있건만 어느 누구 단 한 사람도 이들 앞에 나서서 완장들의 이러한 만행에 대하여 불평을 하는 사람은 없었다.

그럴만한 분위기도 상황도 절대 아니었지만 만약 누군가가 불만을 토로하였다면 분명 뼈도 못 추릴 송장신세가 될 것이 뻔하였기 때문이었다. 완장들은 혹시 조금이라도 있을 만한 사제의 완력을 배춧잎에 소금 뿌리듯 그렇게 죽여 놓고 있었다.

삭발들이 이렇듯 사제의 진을 빼고 있을 때쯤 목청 높여 군가를 부르면서 한 무리의 훈련병들이 보무도 당당하게 부대 안으로 들어오고 있었다. 야외훈련장에서 오늘의 훈련을 마치고 훈련소로 들어가는 중이었다. 이들은 여기 저기 헝겊을 덧대서 꿰맨 누더기를 입고 있었고 이제까지 보아온 가죽군화가 아니라 탈색되어 너덜너덜한 농구화를 신고 있었다.

이들은 우리들 보다 불과 며칠이나 아니면 몇 주 먼저 입대하였을 것임에도 마치 으스대듯 목청 높여 군가를 부르며 삭발들을 앞질러갔다. 이들은 완장이 말한 바 있는 소위 '국가에서 필요로 하는 물건' 으로 변모되고 있는 것처럼 보였다.

삭발들이 끌려가 듯 도달한 곳은 수용연대였다. 훈련소에 입소하기 전 이삼일 동안 머무르며 대기하는 곳인 수용연대의 내부로 들어가기 전에 삭발들을 중대와 소대로 분류하였다. 완장은 취사반 인근으로 우리소대를 인솔한 후 지금부터 속세의 번뇌를 완전히 씻어 주겠다며 전원 즉시 옷을 벗도록 하였다. 주위는 어두웠으나 멀리서 비친 전등불빛으로 인하여 우리들의 하얀 알몸을 감출 수는 없었다. 비록 남 앞에 드러난 자신의 알몸에 익숙하지는 않았지만 그렇다고 쑥스럽거나 수치스럽지도 않았다. 그도 그럴 것이 지금의 나는 단지 하나의 하찮은 물건에 불과한 존재라는 생각이 들었기 때문이었다. 십여 명이 일렬종대로 선 상태에서 최대한 앞사람과 밀착하도록 하였는데 뒷사람의 신체 일부가 나의 볼기사이에 닿았을 때의 느낌은 꺼림칙하기 그지없었다. 내 앞 친구도 분명 그렇게 느꼈을 것이다.

일렬종대에서 횡대로 방향을 전환하고 고개를 숙인 상태에서 완장이 양동이에 담아있는 물을 플라스틱 바가지로 퍼서 우리들에게 한두 번 흩뿌리고서 네 등분한 세탁비누 조각을 몇 사람 앞에 하나씩 나눠주었다. 이른 봄의 밤공기는 차가울 것이건만 막대기와 군화발로 달궈진 알몸을 식히는 데는 그만이었다.

비누칠을 하던 중 '동작 그만!' 이라는 엄명이 내려졌고 다시 서너 바가지의 물을 일렬횡대를 향하여 흩뿌려주었으나 십여 명이 한꺼번에 비누거품을 헹구어내기에는 애초부터 양동이와 바가지로서는 한계가 있을 수밖에 없었다. 뿌려진 물이 닿지 않아서 머리에 비누거품이 그대로 남게 되었는데 그 비눗기가 눈으로 흘려내려 눈이 따갑다고 하자 한 바가지의 물을 적선하듯 흘려주었다.

속세의 번뇌를 털어내듯 몸을 씻고 난 후 우리는 입대 첫 날밤의 긴장감을 감추지 못한 채 다음의 공정으로 끌려가고 있었다. 해는 진지 오래된 듯 별빛 총총하건만 아직도 호루라기 소리는 귓가에 어지럽게 맴돌고 있었다.

연무대

입대 첫날밤을 보내게 될 수용연대의 내무반으로 들어섰다. 수용연대는 본격적인 훈련에 임하기 전 장정의 신분으로 이삼일 간 신체검사를 받는 등 임시로 거쳐 가는 곳이었다. 침상에 깔린 노란 비닐장판은 잔뜩 주눅 들어있는 우리들의 마음을 다소나마 위안을 주는 듯 하였으나 침상 안쪽에 각을 세워 반듯하게 정돈되어있는 매트리스와 모포는 군의 기강을 확연히 보여주고 있었다. 통로 양쪽으로는 앞 코 부분이 싹둑 잘려나가 볼품이 없는 푸른 고무신이 가지런히 짝지어 놓여있었다.

양쪽 침상 끝단에는 낡아 보인 플라스틱 식기가 일정한 간격으로 배열되어 있었다. 식기의 왼쪽 칸에는 꽤 시간이 지났음을 알려주듯 꼬들꼬들하게 말라버린 밥이 담겨져 있었고 그 밥은 쌀과 보리가 7대3 정도로 섞여있었다. 그 옆 칸에 담겨있는 온기 잃은 멀건 무 된장국은 갈색 된장성분이 침전되어 말갛게 보였고 그 위 칸의 두 군데에는 작은 새우볶음과 희끄무레한 염장무가 담겨져 있었다. 식기 한 쪽에는 작은 스푼 하나가 걸쳐있었으나 젓가락은 보이지 않았다.

고향에 계신 부모님에 대한 감사기도를 마치자 식사개시가 선

언되었다. 수년간 묵은 쌀과 보리로 지은 밥인 만큼 이제까지 한 번도 맡아보지 못한 시큼한 냄새가 배어있었지만 허기진 배를 채우는 데는 하등에 문제될게 없었다. 처음 대하는 식기뿐만 아니라 젓가락도 없이 작은 스푼만을 사용해서 반찬을 먹는 것이 어색하였다. 일부는 역겨운 밥 냄새로 인하여 전혀 입에 대지도 않고 음식을 잔반통에 버리는 경우도 있었다.

내무반 바깥 복도 끝 쪽의 커다란 휴지통 주변에는 모처럼 주어진 휴식시간을 맞아 담배를 피우기 위해 많은 삭발들이 모여 있었다. 그곳에는 우리보다 하루 이틀 먼저 이곳에 온 장정들도 같이 있었다. 거기에도 위아래가 분명하여 하루 먼저 온 장정들이 군기를 잡았는데 참으로 칙살맞은 놈들이었다.

화장실에만 가도 그들이 기도를 선 채 출입을 통제하고 큰 소리로 복창하여야만 들여 보내주었다.

"목포 장정 ○○○는 화장실에 용무가 있어 왔습니다."

화장실 안에 물기가 배어있는 시멘트 바닥은 공중목욕탕의 타일바닥만큼 깨끗하였는데 신발을 벗고 맨발로 들어가도록 하였다. 큰 용변이라도 볼 경우에는 용번 후 수세식 변기에 흔적이 남아 있는지를 칸칸마다 지정된 감시자의 확인절차를 거쳐야만 하였다. 일석점호 시간이 되자 침상위에는 다시 긴장감이 돌기 시작하였다. 동작이 뜨다는 이유로 내무반에서 첫 얼차려를 받게 되었다. 엎드려 팔 굽혀펴기 자세에서 두 손으로 깍지를 끼게 하고 한 발을 들라고 하였다. 참기 힘들었으나 군화발로 걷어차이는 것이 두려워 어쩔 수 없었다.

그런 상태에서 완장이 군화발로 맨 끝의 한 장정에게 일격을 가하자 나머지 장정들은 도미노 현상으로 줄줄이 옆으로 넘어질 수밖에 없었는데 그때 내 오른 손등이 까지고 말았다. 금방 물러 터져 드러난 손등의 하얀 속살에는 핏기가 스며들기 시작하였다. 이때에 생긴 상처는 훈련기간 내내 고통을 안겨주었다.

이어진 얼차려는 소위 원산폭격이었다. 앞머리를 침상에 박고 두 손을 뒤로 한 채 무릎을 펴는 자세였다. 이 얼차려는 이마 부분과 목 부위의 통증이 매우 심하였으나 그렇다고 요령을 부릴 수도 없었다. 나는 입대하기 전에 휴가 나온 친구들로부터 얼차려에 대해서 들은 적이 있어 몇 번 시도해본 적이 있었다.

당시의 방바닥은 목재를 잘게 짓이겨서 고형화한 장판이었으므로 요즘의 비닐 장판보다 훨씬 딱딱한 탓도 있었겠지만 이를 악물고 시도해 본들 단 1초라도 견딜 수가 없었기 때문에 군대에 가게 되면 어떻게 얼차려를 받을 수 있을는지 걱정하지 않을 수 없었다. 그런데도 물론 고통이 없지 않았지만 이렇게 참아낼 수 있는 것만으로도 내 자신이 군대에 잘 적응하고 있다는 생각을 하였고 사람에게는 그때그때의 상황에 따라 얼마든지 극복할 수 있는 의지가 생긴다는 것을 새삼 알게 되었다.

기간병의 엄포성 훈시가 끝나자 멀리서 취침나팔 소리가 들려왔다. 황산벌에 울려 퍼진 잔잔한 음률은 평온하면서도 아늑하였다. 이 감상적인 나팔소리는 육신의 피곤함과 긴장감을 풀어주었으며 하루의 일상을 접고 안식의 문을 열어주는 신호이기도 했다.

침상의 찬 기운은 삭발들의 지친 몸을 더 한층 움츠리게 하였으나 맨살에 닿은 까끌까끌한 모포의 감촉은 금방 온기가 전해졌다. 모포를 뒤집어쓴 나는 그 속에서 아무도 모르게 담배를 피우면서 아침부터 지금까지의 행적들을 하나하나 더듬어 보고 있었다. 오늘 하루가 내가 지금까지 살아온 인생에서 가장 힘들었던 날이 아니었나 싶었다. 재떨이를 대신한 작은 성냥갑에 담뱃재는 떨 수 있었으나 모포속의 담배연기는 좀처럼 빠지지 않아 고역이었다. 힘껏 빨아들일 때마다 담뱃불은 모포 안을 환하게 밝혀주었다. 담배의 불꽃이 필터 가까이에 이르렀을 즈음 복도에서 힘찬 군화 발소리가 들려왔다. 나는 재빨리 성냥갑에 쑤셔 박 듯 담뱃불을 끄고 자는 척 하고 있었다.

내무반에 들어온 그 군화는 등화관제 된 전등불빛 아래의 자욱한 담배연기를 보고 냅다 소리를 질러댔다.

"나와, 나오란 말이야."

무거운 침묵이 잠시 있은 후 다시 군화의 성화는 반복되었다.

"담배 핀 놈 나오란 말이야. 여기가 어딘 줄 알고 담배를 피워! 좋게 말로 할 때 나와라!"

나는 군화의 잔인함에 치를 떨고 있었기 때문에 선뜻 나설 용기가 나지 않았다. 계속된 엄포에도 침묵은 지속되었으므로 군화는 마침내 전원 기상시킬 태세였다. 내 마음 한 구석에는 나 한 사람으로 인하여 전원에게 피해를 주어서는 안 된다는 일말의 양심이 꿈틀대고 있었다.

그 순간 건너편 침상에서 한 장정이 군화 앞으로 뛰쳐나갔다. 나는 조마조마한 가슴을 쓸어내리며 안도의 숨을 쉴 수 있었다.

군화한테 끌려간 그 친구는 한참이 지난 후에야 누군가의 등에 업혀서 돌아왔다. 나는 양심불량에 대한 가책으로 쉽게 잠을 이룰 수가 없었다. 그 친구는 다음날 기상나팔이 불고 아침점호 시간이 됐는데도 침상에 누워있었는데 퉁퉁 부은 눈 부위에는 멍이 퍼렇게 배어있었다. 담배 한 대 피었다고 저렇듯 초주검을 만들어 놓다니 무지막지한 놈들이었다.

그날 밤 모포 속에서 담배를 피웠던 양심불량자는 나 이외에도 여러 사람이었다는 사실을 이른 아침에 알게 되었고 우리를 대신한 그 친구에게 큰 죄를 지은 기분이었다.

날궂이

이른 아침의 정적을 깨는 기상나팔소리는 아침 6시 정각에 울려 퍼졌다. 하루의 시작을 알리는 기상나팔소리는 어젯밤의 취침 나팔소리와는 사뭇 달랐다. 취침 나팔소리에 비해 빠른 듯하면서도 경쾌하고 발랄했다. 기상 나팔소리가 울리기 전부터 이미 잠에서 깨어나 있던 나는 오늘 하루를 걱정하고 있었다.

기간병들은 벌써 제복을 차려입고서 호루라기를 요란하게 불어대고 있었다. 어제 일석점호 시에 기간병이 가르쳐 준대로 모포는 두 사람이 양쪽 끝을 맞잡고서 긴 방향으로 두 번을 접고 양쪽 끝을 맞대게 한 다음 안으로 접어 겉 부분이 각이 지도록 하였고 3단으로 되어있는 스펀지 매트리스는 그냥 접기만 하면 되었다.

일사분란한 몸놀림으로 침구정리를 마치고 연병장에 집합하기 위해 나간 복도 끝 신발장 부근에는 그야말로 아수라장이었다. 신발장 안에 놓인 신발보다는 바닥에 널브러져있는 신발이 훨씬 많았다. 신발장과 바닥에는 제 짝을 이룬 신발은 단 한 켤레도 없었고 각기 다른 수백 켤레의 신발들이 제짝을 잃고 나뒹굴고 있었다. 자기가 신고 온 신발을 단 한 짝이라도 찾는다는 것은 불가능한 일처럼 보였다.

실외의 전등갓에 갇힌 불빛이 마지막 남은 옅은 어둠을 빨아드리고 있었고 전등불빛에 드러난 보슬비의 작은 물방울들이 비끗하게 바람에 날리고 있었다. 연병장에는 간밤에 내린 비로 인하여 군데군데 빗물이 고여 있었으며 실외 스피커의 힘찬 군가소리는 오늘의 일과가 시작되었으니 꾸물대지 말고 힘차게 전진이라도 하라는 듯 들렸다.

주인을 잃어버린 헐렁한 신발을 신고 질퍽덕한 연병장을 뛰어가는 것은 쉬운 일이 아니었다. 더구나 고무신인 경우에는 질펀한 땅바닥이 놓아주질 않아 더욱 그러했다. 애국가를 부를 때는 나라를 위한 일말의 충성심이 깃들기도 하였다. 일천여 명이 함께 악을 쓰듯 지른 고함과 처음으로 해보는 구령삼창 (열중쉬어, 대대차렷, 뒤로돌아!) 은 민가의 아침잠을 설치게 할 정도로 패기가 넘쳐났다.

배식을 맡은 식사당번들이 취사장에서 플라스틱 양동이에 담아온 아침밥을 내무반에서 배식해 주었다. 어제의 저녁밥은 식기에 담아 놓은 지 꽤 오래되어서 약간의 시큼한 밥 냄새는 문제될 것이 없었으나 시큼하고 쾌쾌한 냄새를 발산하는 물썽한 아침밥은 마치 새끼 낳은 어미돼지 영양식 같다는 생각에 선뜻 내키지 않았다. 한 숟갈 입에 대보니 못 먹을 정도는 아니었다. 어젯밤과는 달리 음식을 버린 장정은 한 명도 없었다. 아침을 먹고 나서 별다른 상황 없이 내무반에서 대기하면서 모처럼 만의 여유 있는 시간을 보내고 있었다.

오늘은 어제와는 판이하게 다른 하루였지만 긴장만은 풀지 않고 있었다. 그것도 잠시 기간병들의 날카로운 호루라기 소리는 좌불안석인 장정들을 보슬비 내리는 연병장으로 내몰았다. 아무런 목적도 없이 몇 번에 걸쳐 선착순 연병장 집합이 있었다. 그럴 때마다 신발장에서의 무질서는 계속되었다. 그나마 간신히 두 짝을 신었다하더라도 신고 있는 신발은 참으로 가관이었다. 대개가 한 쪽 구두에 다른 쪽은 운동화나 고무신을 신고 연병장으로 뛰었다. 질펀한 연병장은 한 발 한 발 뛸 때마다 신발의 무게만을 더할 뿐이었다.

오른발과 왼발의 신발 모양새는 굳이 따질 필요가 없었으며 신발을 신었다하더라도 발에 맞지 않아 질질 끌고 가는 경우도 있었다. 한 쪽만 신발을 신고 뛰는 장정, 아예 두 발 다 맨발로 뛰는 이도 있었다. 선착순을 몇 번 하다보면 신발을 신었던 장정보다 벗고 뛰는 이가 더 많았다. 양말에 붙은 흙덩이로 인하여 양말목은 발목아래까지 내려오고 양말 끝은 달릴 때마다 발부리에서 춤을 추듯 하였다.

수차례의 연병장 집합훈련이 점심시간 때쯤 되어서야 마침내 끝이 났다. 해산할 때 장정들의 바짓단에는 도배를 하듯 흙탕물로 번져 있었다. 이렇듯 연병장에서 한바탕 날궂이 판을 벌린 중에도 기간병들의 심한 구타가 없었다는 것이 퍽이나 다행스러웠다.

그날 오후, 1년 전에 받았던 신체검사를 이곳에서 다시 받았다. 우리와 같은 내무반에 편성된 한 친구는 평소 걸음걸이가 불편한 듯 보였는데 신체검사 결과 치질이라 하여 귀향조치를 받게 되었다. 그 친구는 완치 후에 다시 입대하게 될 것이라는 군의관의 말을 듣고 이곳에 온 뒤 치질이 도져서 그렇다며 잔류를 희망하였지만 그 결정은 번복되지 않았다.

그 친구 이외에도 수십 명이 귀향조치를 받았다. 부대 밖으로 나가는 그들의 발걸음은 새털처럼 가벼워 보였고 마치 새장에 가둬둔 새가 공중을 향해 날아가듯 한없이 자유스러워 보였다.

재채기

수용연대에서 처음으로 맞이한 봄다운 화창한 날씨였다. 물오른 버드나무에는 연푸른 새싹들이 봄바람에 살랑거렸으며 아직 마르지 않은 연병장 곳곳에는 옅은 물안개가 깔려있었다.

우리보다 하루 늦게 이곳에 와서 첫날밤을 보낸 새로운 장정들도 우리와 마찬가지로 잔뜩 긴장하고 있었다. 우리들 중의 몇몇은 우리가 당했던 것처럼 이들에게 군기를 잡기도 하였다. 칙살맞은 놈들이 이곳에도 있었다. 군대의 기강이 이렇게 잡혀지는가보다라는 생각이 들기도 하였다. 수용연대에서의 생활은 생각보다 그다지 힘들지 않았다.

이틀간의 수용연대 생활을 마치고 본격적인 훈련을 받기 위해 이곳에서 조금 떨어진 훈련소로 이동하였다. 철조망으로 무상한 블록담장 아래의 풀밭에는 처음 보는 새들이 먹이를 쪼고 있었는데 몸통 전반의 검정색에 비해 날갯죽지와 배부위의 하얀색이 돋보였다. 우리의 민화에서나 보았음직한 이 새는 겨울철에 우리고장에서 흔히 볼 수 있었던 까마귀정도의 크기였다.

동행한 한 장정도 처음 보는 새라고 말하자 그 옆의 다른 장정이 '까치' 라고 알려주었으며 우리나라에서 흔히 볼 수 있는 새라고 하였다. 당시만 하여도 남해안을 끼고 있는 우리고장에서는 이와 같은 까치는 볼 수 없었고 우리 고장에서 '까치' 로 불리는 새는 제대한 후에야 '때까치' 임을 알게 되었다. 이 때까치의 머리와 가슴·배 부위는 밝은 갈색인 반면에 날개와 꼬리는 어두운 갈색을 띠고 있으며 그 크기도 까치보다 작아서 까치와는 생김새부터가 달랐다.

우리는 훈련소의 한 내무반 안으로 몰아넣어졌다. 수용연대의 내무반과는 별 차이가 없었으나 양 침상의 가운데에는 목재탁자가 길게 자리 잡고 있었고 그 탁자 밑에는 탁자길이 만큼의 긴 목재의자가 뻗쳐있었다. 그리고 통로 맨 끝 쪽 벽면에는 하나의 책상과 의자가 머지않아 부여될 임무를 대기라도 하듯이 내무반을 지키고 있었다. 내무반 입구 쪽 양 침상 끝에는 목재로 제작된 총과 금속재로 보이는 총이 수십 정씩 구분되어 목재 받침대에 가지런히 기대어 놓여있었다. 나는 이를 처음 본 순간 섬뜩함을 느꼈다. 이것들이 별도의 무기고에 보관되지 않고 침상에 놓여있다는 것이 이해되지 않았다. 얼마 후에 목재로 된 총이 M1이고 금속재질로 보이는 총이 M16임을 알았으며 M16은 겉으로 보아도 M1보다 훨씬 성능이 좋아 보였다.

내무반 입구에는 군복을 말끔하게 차려입은 하사와 병장이 버티고 있었다. 침상 삼선에서 부동자세로 서있는 우리들을 한 사람씩 훑어보면서 가지고 있는 지휘봉으로 배꼽부위를 찔러댔으며 이럴 때마다 관등성명을 목청껏 소리 질러야만 하였다. 지금까지 삭발들에게 불려 지던 '장정' 은 '훈병'으로 바뀌졌다.

크지 않은 키와 통통한 체격에 평상시 말할 때면 고개를 약간 옆으로 젖힌 듯한 자세를 취하는 하사의 험상궂은 인상에 비해 멀쑥하고 가름한 얼굴의 병장은 집안의 형님처럼 속정이 있어 보였다.

이들의 검정 하이바와 완장에는 '교관' 과 '조교' 라고 하얀 글씨로 쓰여 있었으며 교관과 조교의 차이는 하이바와 완장에 각각 그어져있는 흰 줄과 노란 줄의 굵기에도 차이가 있었다. 또한 교관의 양쪽 어깨에는 견장이라는 화투짝만한 녹색 천이 붙어있었다.

이들이 한 발 한 발 걸을 때마다 입고 있는 바지 끝단에서 들려오는 '짜르륵 짜르륵' 쇠구슬 구르는 소리는 칼날같이 주름 잡힌 바지선과 더불어 군의 기강을 표출하듯 들렸을 뿐만 아니라 훈련병들을 더 한층 긴장시키게 만들었다.

얼마 후 우리는 중대전원 집합이라는 엄명아래 백이십여 명 정도의 중대원이 비좁은 복도 통로에 쭈그리고 앉아 중대장의 훈시 말씀을 듣기위해 대기하던 중 선임교관으로 보이는 하사가 시달한 여러 가지 준수사항들을 메모하고 있었다. 우리들의 앞과 뒤에는 예닐곱 명의 교관과 조교가 우리들의 일거수일투족을 감시하고 있어 숨소리조차 낼 수 없는 상황이었다. 눈동자만 돌려도 '자갈밭에 돌 구르는 소리가 난다' 며 다그치는 상황에서 그만 정적을 깨는 재채기 소리가 일순간 복도의 삼엄한 분위기를 반전시켜 버리고 말았다.

우리들에게 지시사항을 시달하던 교관은 아무 말도 하지 않은 채 뒤쪽의 재채기 진원지를 향해 먹잇감을 노린 맹수처럼 돌진하였다. 교관의 군홧발을 훈병의 가슴팍에 날렸으며 들고 있던 지휘봉으로 머리와 등짝을 미친 개 패듯 사정없이 두들겨 팼다. 교관은 씩씩거리면서 그 친구더러 정신상태가 썩었다고 하였다. 본때를 보여주기 위함일지라도 이런 무자비한 모습은 충격이 아닐 수 없었다. 이를 지켜보고만 있을 수밖에 없는 우리들의 신세가 안타까웠다. '썩은 놈은 바로 네놈이다!' 라는 소리가 머릿속에 맴돌고 있었으며 마치 내가 당한 것처럼 가슴 한 구석에는 서글픈 마음이 솟구쳐 올랐다. '생리적으로 나올 수밖에 없는 재채기를 어찌하란 말인가! 재채기도 마음대로 할 수 없는 곳이 대한민국의 군대란 말인가!' 이렇게 험악한 훈련소 생활을 어떻게 버텨내야 할지 막막하기만 하였다. 훈련소 첫날의 우울한 기분을 한동안 쉽게 떨쳐버릴 수가 없었다.

독불장군

훈련소에 입소한 첫날밤 일석점호를 받기위해 침상에서 대기하고 있던 중 중대본부로부터 지시사항을 전달받은 향도는 우리들에게 용의검사에 대비하라고 하였다. 입대 후 며칠 동안 면도를 하지 못해 코 밑과 턱 주변에는 까슬까슬한 수염들이 무질서하게 돋아 있었고 손톱과 발톱 또한 때가 낀 까만 부위가 드러나 보였지만 면도기나 손톱깎이가 없었기 때문에 그대로 기르고 있을 수 밖에 없었다.

일회용 면도기와 손톱깎이를 집에서 가져온 친구들도 있었으나 몇 개 안되는 면도기와 손톱깎이로 30여 명이 사용하기에는 턱없이 부족하였다. 관물함의 플라스틱 세면그릇에 녹슨 면도날 하나가 내 눈에 뜨인 것은 그나마 행운이었다. 옆자리에 있던 친구가 내가 면도날을 사용하고 있음을 알고 그것마저 자기에게 빨리 넘겨달라고 재촉하였다.

이 녹슨 면도날로써는 도저히 털이 잘려질 것 같지 않았으나 일단 물 대신 침과 세숫비누를 사용해서 면도날을 대보았다. 면도날은 털뿌리 하나하나 마다 저항을 받았다. 털이 뽑힌 것인지 잘려지는 것인지 모를 일이었다. 눈물이 핑 돌았으나 여기서 멈출 수는 없지 않는가! 면도날이 지나간 자리는 어김없이 검붉은 핏방울이 땀방울 맺듯 솟아올랐으며 그나마 잘려지지 않은 몇 가닥의 털은 손으로 잡아당겨 뽑을 수밖에 없었다.

면도날로 발톱을 자르는 것도 쉬운 일이 아니었다. 발톱 중에서도 엄지발가락의 발톱을 자르는 것은 더욱 고역이었다. 비록 녹슬기는 하였지만 손잡이가 따로 있지 않는 면도날을 쥐고서 쇠뿔처럼 딱딱한 발톱을 자르는 것은 보기에도 위험스런 일이었다. 면도날로 발톱의 가장자리에 칼집을 내고서 이 부위를 손으로 뜯을 수밖에 없었는데 그것도 전체가 뜯어지지 않고 발톱의 껍질만 벗겨져 몇 번이고 반복한 나머지 겨우 발톱을 깎긴 하였으나 발톱 끝 부분이 마치 무딘 톱날처럼 보였다. 녹슨 면도날을 물려받은 옆 친구는 구레나룻이 턱 아래 목 부위까지 이어져 있어 얼굴의 양쪽 측면이 온통 털로 덮여 있었다. 그도 침과 세숫비누를 사용해서 면도를 하기 시작하였다. 거품도 일지 않았을 뿐더러 녹슨 면도날로는 그 많은 부위의 털을 제거하기에는 애당초 무리일 수밖에 없었다.

점호가 시작되기 전까지 부지런히 면도날을 밀어댔는데도 불구하고 처당숙 벌초해 놓은 듯 잘려지지 않은 부위가 듬성듬성 하였고 면도날이 지나간 자리는 어김없이 벌겋게 달아올랐으며 군데군데 검붉은 핏방울이 솟아나기도 하였다.

곧바로 내무반 안으로 줄이 서너 개 그어진 노란 완장이 들어섰고 교관과 조교가 그 뒤를 따랐다. 완장이 위엄 있는 몇 마디를 남기고 간 뒤 교관의 추궁이 이어졌다. 교관은 아직까지 사제복을 입고 있던 훈병들에게 팬티까지 벗게 하였고 그때마다 동작이 느리다고 하여 몇 번이고 반복시켰다.

침상 삼선에 서서 마주하고 있는 반대편 침상의 발가벗은 모습은 삭발한 탓인지 생선가게의 자판대위에 놓여있는 생선처럼 매끈매끈해 보였다. 교관은 한사람 한 사람씩 남성의 모양새를 관찰하고 있었고 포경 앞에서 그의 지휘봉은 그냥 지나치지 않았다.

발가벗은 상태에서 앉아 있던 중에 나는 한 곳을 주시하지 않을 수 없었다. 마주보고 있던 반대편 침상의 한 친구가 곤혹스런 표정으로 어찌할 바를 모르고 있었다. 그는 앉은 채로 차렷 자세에서 한 손으로 자신의 남성을 억누르고 있었다. 마주보고 있는 나로서는 금방이라도 웃음이 나올 수밖에 없었으나 내무반의 분위기는 이를 용납하지 않을 것임이 틀림없었다. 상황파악을 못한 그 주책없는 남성은 수그려 들 기미가 보이지 않았고 그 모습을 보고 있던 내 옆 친구가 마침내 웃음을 참지 못하고 그만 '크큭' 소리를 내고 말았다.

내무반 입구 쪽에서 그 웃음소리를 들었던 교관은 감히 지금 이 상황에서 웃음이 나오나며 너 잘 걸렸다는 식의 어이없다는 표정을 지으면서 웃음소리의 발원지로 다가가자 옆 친구가 턱 끝으로 맞은편 침상을 가리켰다. 희한한 모습을 보게 된 교관은 이미 웃음소리에 대한 징벌은 안중에도 없이 그 친구에게만 '차렷' 명령을 내렸다. 그 친구가 한 손으로 자신의 남성을 누르고 있는 모습을 교관이 보았기 때문이었다. 명령과 동시 그 친구의 남성은 용수철처럼 순간적으로 교관을 향해 곧추들었으며 마치 억압에서

풀려나 그간의 억울함을 따지듯 저돌적인 자세를 취하고 있었다. 그 친구의 곱상한 외모와는 아주 딴판이었다.

또한 그것은 별개의 신체기관으로 착각을 불러일으킬 정도로 그 친구의 의도와는 전혀 아랑곳 하지 않은 채 풀죽은 뭇사람들의 그것들을 마치 제압이라도 하듯이 당당하였다. 그야말로 독불장군이었다.

수모를 감내할 수밖에 없는 당사자의 곤혹스러워 하는 모습이 불쌍하기까지 하였다. 교관은 군대생활 몇 년 동안 너 같은 놈은 처음 본다고 하였고 지금 이 상황에서 딴 생각이 나냐며 늘 가지고 다닌 막대기로 아랫배를 쿡쿡 찔러댔다. 의지대로 되는 것은 아니지만 이 살벌한 분위기에서의 발현은 황당할 수밖에 없었는데 이 친구에 대한 얘기는 훈련기간 동안 늘 웃음거리가 되곤 하였다.

횡재

훈련소에 입소한 첫날밤의 점호는 한참동안 계속되었다. 군대생활 34개월 동안 가장 힘들었던 점호가 아니었나 싶다. 물론 이보다 혹독한 점호를 받지 않았던 것은 아니었으나 군에 아직 적응하지 못한 상태에서는 이를 감당하기가 쉽지 않았기 때문이었다.

군에서 가장 기본이라 할 수 있는 '차렷' 자세는 생각한 만큼 평이한 자세가 아니었다. 먼저 발끝은 발뒤꿈치에서 양 발끝의 내각이 30도가 되도록 약간만 벌리고 발목과 무릎사이는 양쪽을 붙여 공간이 생기지 않도록 하였는데 양다리에 잔뜩 힘을 주지 않으면 그런 자세가 나오지 않았다. 물론 고교시절 교련시간에 이미 배웠던 바였지만 건성으로 하였던 그 당시와는 분위기가 사뭇 달랐다.

일부는 교관의 매서운 지휘봉으로 잡혀지기도 하였으나 그중에는 선천적으로 양다리가 붙지 않아 구제불능인 친구도 있었다. 양팔은 주먹을 가볍게 쥐고서 바지의 제봉 선에 일직선이 되도록 하고 앞턱을 바짝 당긴 상태에서 시선은 전방 15도 각을 유지하도록 하였다. 이런 자세로 1~2분 동안이라도 꼼짝하지 않고 서 있는 것이 쉽지가 않았다. 너무 경직된 나머지 자칫 온몸이 흔들거리기도 하였고 양다리가 벌어지기도 하였는데 그럴 때마다 교관의 지휘봉은 이들을 용서하지 않았다.

어느덧 교관의 손에는 하얀 면장갑이 껴있었다. 교관은 면장갑에 침을 묻힌 후 우리들의 관물함 위와 바닥을 문질렀는데 그 면장갑에는 희뿌연 먼지가 묻어 나왔다. 먼지가 묻은 면장갑을 높이 처든 교관은 마치 절대 나와서는 안 될 것이라도 묻어 나온 것처럼 놀란 표정을 지으며 그의 먼지 묻은 장갑을 불쌍하게도 향도의 혀로 핥도록 하였고 이어서 우리들은 그에 상응한 얼차려를 받을 수밖에 없었다. 입대하기 전에 이러한 먼지 검사 방법을 듣지 않았던 것은 아니었지만 이렇듯 빨리 내 앞에서 이러한 상황이 벌어질지는 생각조차 못하였다.

너덜너덜한 두루마리 화장지를 둘둘 말아 침을 묻혀서 관물함 안팎을 닦아내고 바늘 끝으로는 관물함 가장자리의 틈 깊숙이 쌓여있는 먼지까지 꺼내는 작업을 하고 있었다. 까맣게 굳어진 먼지들이 파헤쳐졌다. 작업을 하던 중 바늘 끝에 뭔가 걸리는 느낌이 손끝에 닿아 꺼내보았다. 그것은 빨대처럼 둥글게 똘똘 말아져 있었는데 펼치고 보니 오천 원 권 지폐 한 장이었다.

율곡 이이 선생의 초상화가 선명하게 그려져 있는 그 지폐는 똘똘 말린 자국이 있다하더라도 한국은행에서 발행된 후 곧바로 이곳에 묻힌 듯 생선가게의 비릿한 냄새라든가 아니면 구멍가게의 어린 아이들의 콧물이나 오물 같은 것들이 전혀 묻혀있지 않은 신권이었다. 만약에 내가 이 오천 원 권 지폐를 발견하지 못했더라면 영원히 그 좁은 틈새에서 묻혀있을 뻔 했는데 어찌 보면

나 때문에 이 어둠에서 벗어나 화폐로서의 제 역할을 할 수 있게 된 것이나 다름없었다.

교관은 점호시작 전에 있었던 호주머니 검사 시에 군대에서는 돈이 필요 없는 곳이라면서 PX(부대 내의 매점)에서 빵을 살 수 있는 쿠폰을 한도 내에 구입토록하고 나머지 돈은 부모님께 다시 돌려보낸다고 하여 교관에게 내놓은 상태였으므로 우리의 수중에는 돈이 있을 수가 없었다. PX 쿠폰 사는데 다 썼으므로 나는 고향으로 돌려보낼 만 한 돈을 가지고 있지 않았다. 군대에 가지고 가면 기간병들에게 뺏길 것이라고 생각하여 애초부터 소액만 가지고 입대하였기 때문이었다.

이렇듯 훈련소에서는 현금을 소지하지 못하게 하자 이곳을 거쳐 간 어느 선임자가 교관 몰래 이 관물함 틈에 깊숙이 숨겨 놓았던 것인데 이런 사실을 깜박 잊은 채 그만 이곳을 떠난 것이 아닌가 싶었다.

당시의 오천 원은 지금의 오만원 이상의 화폐가치가 있었다. 이런 거금을 횡재하다니 참으로 기쁘지 않을 수가 없었다. 나는 누가 볼 새라 재빨리 원래의 틈에 밀어 넣어 보관시키고 아무렇지도 않은 듯하던 일을 계속하면서도 이 기적 같은 사건을 옆 친구에게 말하고 싶어 혀가 간질거렸으나 비밀이 들통 나기라도 하면 교관에게 압수당할 것이 뻔했으므로 나 혼자만이 이 기쁨을 만끽할 수밖에 없었다.

이 현금은 훈련기간 동안 PX에서 간식거리로 빵을 사먹는데 요긴하게 쓰였을 뿐만 아니라 이따금씩 몇몇 친구들에게 자선을 베푸는 일에 사용되기도 하였다.

관물함 틈에 오천 원 권 지폐를 숨겨놓은 채 이를 챙기지 못하고 먼저 이곳을 떠난 선임자의 심적 고통을 어찌 말로 표현할 수 있었겠는가마는 후임자인 내게 적선한 셈 쳤다고 보고 그 아쉬움을 조금이나마 달랠 수 있었으면 하는 바람이었다.

부모님 전상서

아침부터 이곳저곳에서 들리는 호루라기 소리가 요란하였다. 중대 깃발을 선두로 한 수많은 훈련병들이 각기 다른 자기들의 교육장으로 가고 있었으며 그들의 함성은 하늘을 찌를 듯하였지만 훈련복과 훈련화 차림으로 보아서는 패잔병과 다를 바가 없었다. 그나마 훈련복도 입지 못한 우리 중대원들은 연병장에서 소대별로 교관의 호루라기에 맞춰 제식훈련을 하고 있었다. 훈련소에서의 첫 훈련이었다.

조금 떨어진 곳에서 뒷짐을 지고서 훈련모습을 주시하고 있는 소대장의 모자에 박혀있는 다이아몬드 하나가 아침햇살에 반사되어 유난히 반짝거리고 있었고 어깨부위의 녹색견장도 소위의 시위를 더 한층 돋보이게 하였다. 양육에 길들어진 순한 양들을 전의에 불타는 들개로 변모시키기 위한 교관과 조교의 눈길 또한 매섭기만 하였다.

주된 훈련은 '우향 앞으로 가' '좌향 앞으로 가' '뒤로 돌아 가'였다. 이러한 동작들은 우리들 대부분이 고교시절 교련시간을 통해서 이미 익힌 바 있었으므로 쉽게 할 수 있었으나 행진 중 앞줄과 옆줄을 맞춰야 하기 때문에 적잖은 신경을 쓰지 않으면 안

되었다. 좌우 일직선상에서 조금만이라도 벗어나게 되면 여지없이 교관이나 조교의 지휘봉과 군홧발이 날아들었기 때문이었다.

특히, 행진하면서 팔과 다리의 움직임이 엇갈리게 움직여야 되는데 우리들 중의 한두 명은 오른팔과 오른다리, 왼팔과 왼다리가 동시에 앞으로 나오는 경우가 있었다. 이들의 자세가 쉽게 고쳐지질 않아 교관과 조교로부터 호되게 매질을 당하기도 하였다. 조교가 이들을 따로 불러내어 행진하도록 할 때에도 마찬가지였는데 평상시에는 그렇지 않았던 걸음걸이가 그렇게 되었던 것은 아마 이들이 지나치게 긴장하고 있었기 때문이란 생각이 들었다. 조교는 이러한 훈련병이 늘 있어왔던 것처럼 이들을 고문관이라고 칭하기도 하였다.

제식훈련을 마치고 나서 전 중대원은 한 곳에 집결되어 양팔 간격을 유지하고 있었다. 단상에 오른 한 교관은 우리들 전원에게 옷을 벗도록 명령하였다. 이곳에 온지 며칠 안 되었지만 벌써 몇 번이나 발가벗었던가! 명령 한마디에 백이십여 명은 일제히 벌거숭이가 되어 교관의 호루라기에 맞춰 맨손체조를 하기 시작하였다.

수많은 사람이 밝은 대낮에 그것도 연병장에서 전라(全裸)의 몸으로 체조를 할 것이라고는 상상조차 해보지 않았기에 군대란 참으로 이상하다는 생각이 들었다. 아무리 남자들만의 세계인 군대일지라도 인간으로서의 최소한의 기본권이란 것이 있는데 이렇게 무시당해도 되는 것인지 도무지 알 수가 없었다. 그저 밤송이로 까라면 깔 수밖에 없는 가엾은 신세가 아닌가!

희누르스름한 우리들의 육체는 아직 사제의 윤기가 남아 있었고 파르스름한 삭발 머리는 강인함보다는 연약함을 드러내고 있었다. 호루라기를 입에 문 교관의 동작에 따라 팔을 펴고 무릎을 굽혔으며 옆구리를 구부리기도 하였으나 저마다 자신들의 새로운 모습들을 각인시키고 있었을 것이다.

다시 소대별로 모여 지금까지 입고 있던 사제복을 벗고 누더기처럼 보인 훈련복으로 갈아입을 시간이었다. 창고에서 가져온 누더기는 겉으로 보기와는 다른 옷이었다. 겉으로 보아서는 헝겊을 덕지덕지 꿰맨 것처럼 보였으나 실은 무릎이며 팔꿈치 등에 일부러 이중으로 박음질을 한 옷이었다.

교관의 지시에 따라 다시 한 번 옷을 벗은 후에 달리기를 하지 않을 수 없었다. 교관은 선착순에 따라 일렬로 세우고 후미를 계속해서 달리도록 하였다. 팬티를 입지 않고 달리는 것은 달리는 사람도 그렇거니와 달리는 사람을 보고 있는 입장에서도 민망하기 그지없었다. 사타구니의 그것은 마치 나사가 풀린 듯 좌우로 요동치고 있었다.

그 이후로는 훈련소에서 발가벗는 일은 없었다. 군에서 이렇게 옷을 벗기는 이유는 아직 남아있을 사제(私製)의 흔적들을 말끔히 제거하고 군에서는 어느 누구도 특별할 것이 없다는 것을 서로에게 인식시키기 위한 것임을 훈련기간이 끝난 후의 회식시간에 교관이 말해주었다.

어릴 적 고향에서 빨간 자전거를 타고 온 집배원 아저씨의 소포에는 며칠 전에 입대한 사람들의 옷이 들어있었던 것을 몇 번

본적이 있었다. 그들이 했던 것처럼 우리도 그렇게 포장지에 그동안 입고 있던 옷들을 싸고 묶어서 '부모님 전상서'라는 제목아래 '저는 건강한 몸으로 훈련 잘 받고 있으니 걱정하지 마십시오.' 라고 교관이 불러준 대로 받아쓴 편지와 함께 부모님께 보냈다.

고향을 떠난 지 불과 5일도 되지 않았으나 많은 세월이 지난 것처럼 고향은 아주 먼 곳에 있었고 다른 세상처럼 느껴졌다. 언젠가는 고향의 부모님을 뵐 날이 있겠지 하는 희망을 가져보기도 하였으나 그것은 지금으로선 사치스러운 환상일 뿐이었다. 갑자기 고향에 계신 부모님 생각에 코끝이 싸한 느낌이 들었다.

성장단계마다 허물을 벗는 파충류처럼 사제의 허물을 하나씩 벗으면서 진정 군인의 길로 가는 초입에 서 있었다.

주사기

훈련병들의 나이는 갓 스물을 넘긴 경우가 대부분이었다. 물론 훈련병들 중에는 대학을 마치고 온 경우도 있었고 결혼을 한 형님뻘 되는 사람도 있었다. 처음에는 이러한 사실도 모른 채 너냐 나냐 하면서 친구처럼 대하였으나 나이가 네댓 살 위임을 알고부터는 이들이 나이든 티를 내는 것은 아니었지만 이들을 함부로 대할 수가 없었다.

결혼을 했든 그렇지 않든 간에 20대의 젊음은 마찬가지였을 것이다. 성적으로 가장 왕성한 시기인 만큼 군 기관에서도 이들의 방장한 혈기를 그대로 방치하지는 않았을 것으로 생각하였지만 직접 우리에게 그러한 조치를 취하고 있다는 얘기는 어느 누구로부터 들은 바가 없었다.

다만, 이따금씩 우리들에게 전투식량이라고 공급되는 건빵봉지 안에 또 다른 작은 비닐봉지가 들어있었는데 그 속에 있는 큰 모래알 크기의 하얀 별 사탕이 정력감퇴제니 성욕억제제니라는 말도 있었고 또는 먹는 음식에 그러한 것들을 섞어 요리한다는 근거 없는 소문들도 떠돌아다녔다.

훈련소에 들어 온 이후 지금까지 남자 아닌 사람을 사진이라도 본 적이 없건만 아무튼 교관들은 성적인 잡념에 빠지도록 그냥 놔두지도 않았을 뿐 더러 하루의 고된 일과는 고단한 육신을 잠재우고도 남았다.

이런데도 혹시 있을지 모르는 일탈을 막기 위해서 주사를 놓는다고 저녁점호 시간대에 의무병 두 명이 내무반 안으로 들어섰다. 이중의 한 명은 큼직한 일반 주사기를 들고 있었고 다른 한 명은 이제까지 한 번도 보지 못한 권총모양의 주사기를 가지고 있었다.

주사기 한 대는 전염병 예방주사이고 또 다른 한 대는 성욕억제용 주사라고 교관이 일러주면서 의무병들의 주사 실력을 보라고 하였다. 침상 끝선에 서서 한 쪽 팔을 내밀어 앞뒤 사람과의 팔 높이를 맞추고 최대한 밀착되도록 하였다. 의무병이 혹시 실수라도 하여 아무렇게나 찌르면 어떻게 되지나 않을까 걱정되기도 하였으나 걱정한다고 될 일이 아님을 잘 알고 있었으므로 그저 팔 하나를 맡길 셈이었다.

먼저 알코올 솜으로 소독을 한 다음 시계 초침을 보고 있던 교관의 신호가 떨어지자 권총주사기를 든 의무병이 빠른 걸음으로 주사기의 방아쇠를 당기면서 주사를 놓았다. 30여명의 소대원 전원에게 주사를 놓는데 걸리는 시간은 불과 수 초 밖에 되지 않았다. 마치 팔뚝에 도장 찍듯 지나갔으며 너무 순간적이라 통증도 전혀 느낄 수가 없었다.

다음은 일반 주사기를 든 의무병의 순서였다. 일반 주사기의 바늘은 권총주사기의 그것보다 훨씬 길고도 굵어보였다. 자칫 엉뚱한 곳을 찌를 수도 있을 테고 너무 깊이 찌르지는 않을까 하여 권총주사를 놓을 때 보다 더 긴장감이 들었다. 소대원 전원이 맞을 주사액이 한 주사기에 들어 있었다.

일반 주사기를 든 의무병도 교관의 신호가 떨어지자 달리듯 빠른 걸음으로 다른 쪽 팔뚝에 주사를 놓았다. 정말 순간적이었으며 권총주사기 보다 오히려 속도가 더 빨랐다. 주사를 맞은 자리도 정확했을 뿐만 아니라 주사기에 들어있는 주사약도 하나도 남김이 없었다. 다만 주사 맞은 부위에는 주사액이 조금은 흘려있긴 하였다. 이들의 숙련은 수많은 경험에서 나오는 것이라면서 의무병들이 보여 준 장기가 마치 교관 자신의 자랑인양 우쭐대듯이 의무병들을 치켜 세워주었다.

의무병들의 이러한 숙련은 매일 짧은 시간 내에 수백 명씩 주사를 놓아 줄 수밖에 없는 상황에서 그 능률성이 요구되기 때문이라고는 하지만 그렇다고 위험한 주사바늘을 마치 기능대회에 출전한 기능공처럼 자랑할 만한 일은 아니었다. 사람대접 못 받는 일이 어찌 이 뿐이었겠는가!

이튿날 아침, 기상하자마자 예방주사를 맞은 후유증이 나타났다. 주사는 두 팔에 맞았는데도 오른팔과 달리 왼팔의 주사 맞은 부위는 부어올라 아프기까지 하여 침구를 개는데도 매우 불편하였다. M1 소총을 어깨에 메고 왼팔을 앞사람의 뒤통수 높이까지 올리는 데는 다소의 인내력이 필요하였건만 교관의 지휘봉은 약간의 흐트러짐도 용서하지 않았다.

훈련소 입소 첫날 느닷없는 발기로 곤욕을 치른 친구에게 주사의 약효가 있었느냐고 묻곤 하였고 입대 전에 주사를 맞고 왔었더라면 그 희한한 볼거리를 하마터면 못 볼 수도 있었지 않았겠냐며 농담을 하기도 하였다.

훈련화

봄바람에 하늘거리는 버드나무 숲을 지나 야외 훈련장으로 가고 있었다. 기수별 훈련일정에 따라 각각 훈련장으로 가는 방향이 달랐다. 군기의 유무를 따지는 기준이 되기 때문에 행군 도중 부르는 군가와 번호 부치는 소리는 우렁차고 쩌렁쩌렁하였으며 다른 소대와 동행할 때는 서로 경쟁이라도 하듯 그 함성은 더욱더 우렁찼다. 길게 늘어선 행렬을 인솔하는 교관과 조교는 귀가 아플 정도로 호루라기를 불어 대곤 하였고 대열과 발이라도 틀릴 경우에는 주민이 보건말건 가차 없이 발길질이 이어지곤 하였다. 트집을 잡듯 조그만 흐트러짐에도 그냥 넘어 가는 경우가 없었다. 이들은 행군 중이라도 우리들을 이리 굴리고 저리 굴리곤 하여 교육장에 도착하기도 전에 진을 빼놓기 일쑤였다.

비포장도로의 흙먼지가 바람결에 날렸고 코끝에 닿은 그 흙냄새는 고향의 신작로에서 발산하는 그것과 다름이 없었다. 녹색으로 단장해 가는 밭둑에는 아직 회갈색의 속살이 드러나 보였고 또한 거기에는 나물 캐는 아낙들이 있을 법도 하였건만 교관과 조교들은 잠시라도 한눈을 팔게 할 정도로 느슨하게 내버려두지 않았다.

행군 대열과는 저만치 거리를 두고 걸어가는 소대장들은 중대장과 함께 가고 있었는데 이들은 한결같이 지휘봉을 들고 있었고 그 지휘봉은 그들의 계급장만큼이나 그것의 굵기와 겉치장에 있어서 차이가 있었다.

교육장으로 향하는 우리들의 당차고 힘찬 보무(步武)와는 어울리지 않을 정도로 우리들에게 지급되는 훈련화와 훈련복은 형편없는 것들이었다. 신발은 여기를 거쳐 간 수많은 선임자들이 신었을 것으로 여겨진 낡아빠진 농구화였고 대개가 항공모함이라 불리 울 정도로 큰 것들이었다.

어쩌다 발에 잘 맞는 신발을 쟁취한 경우라도 하루를 넘길 수가 없었다. 취침 전 침상 밑에 부착시키듯 놓아 둔 훈련화는 다음날 기상하기도 전에 누군가에 의해 이미 바꿔져 있었기 때문이었다. 기상 시에 한번 신은 훈련화는 저녁에 내무반으로 들어와서야 벗어야 했으므로 항공모함을 신게 된 경우에는 하루 종일 훈련화와 씨름을 하지 않을 수 없었다.

이 항공모함의 앞코 내부에는 시멘트처럼 단단한 진흙덩이가 메워져 있었으므로 신발을 벗으면 양말의 밑바닥부위는 온통 누런빛으로 물들어 있었다. 신발무게가 조금만 더해졌더라면 이것은 신발이 아니라 그야말로 족쇄였다.

마치 어릴 적 비 오는 날 아버지의 장화를 신고 뚜벅뚜벅 걷던 모습과 흡사한 모양새였다. 남의 눈에는 안정감이 있어 보였을 지도 모를 일이었다. 훈련화 끈을 발목에 단단히 묶지 않는다면 신발은 발에서 이탈될 지경이었으므로 발을 땅에서 뗄 때마다 신발바닥과 발바닥이 분리되어 신발이 발목에 매달린 꼴이었다. 땅을 내딛는 느낌도 둔하여 보폭과 발을 맞추기 위해서는 남보다 빨리 발걸음을 재촉하지 않을 수 없었는데 발가락이 쥐가 날 지경이었다.

교관이나 조교들이 입고 있는 작업복과는 확연히 다른 훈련복은 때가 잘 타지 않았다. 아니 정확히 말하면 훈련복에 묻은 더러움이 옷의 색깔에 묻혀 구분되지 않았을 뿐이었다. 일주일에 한 번씩 세탁을 하였으나 하루만 지나도 칼라부위에는 흙먼지로 누렇게 물들어 있었고 며칠이 지나다 보면 그 부위는 땀과 먼지로 까맣게 번들거렸다.

훈련복의 겨드랑이와 등짝에는 땀으로 항상 젖어 있었으므로 얼차려를 몇 번 받다보면 그곳에 묻은 흙먼지는 그대로 스며들기 마련이었다. 다음날 기상 시에 관물함에 가지런히 개어있는 훈련복을 입을 때면 역겨운 쉰 냄새가 풍겨났고 훈련복의 칼라부위가 목덜미에 닿을 때에는 차가운 금속처럼 섬뜩하기까지 하였으나 훈련화처럼 아침마다 뒤바뀐 경우는 없었다. 훈련복의 한쪽 가슴부위에 개인별 고유번호와 성명이 쓰여 진 하얀 명찰이 부착되어 있었기 때문이었다. 훈련복을 세탁할 때에는 마치 검은 물감을 풀어놓은 듯 거무튀튀한 구정물이 비누거품마저 물들여 놓았다.

4주간의 훈련을 마치고 마지막으로 세탁한 훈련복이 바람결에 말려지고 있을 때는 증발하는 수분처럼 몸도 마음도 가벼웠을 뿐만 아니라 힘겨웠던 고통의 흔적들이 사라져버린 기분이었다.

고향생각

입대하기 전부터 훈련소가 있는 '논산' 이란 지명을 익히 들어왔지만 그 위치에 대해서는 막연히 충청도의 어디쯤 있겠지 하는 생각이었다. 그 후 입영영장을 받고서는 논산이 충청남도에 있다는 얘기는 들었어도 그곳이 충청남도의 어디쯤에 있는지에 대해서는 전혀 알지 못했다. 구태여 누구한테 물어 본다든지 지도책을 펴보면서까지 그 위치를 알려고도 하지 않았다.

군대란 곳이 스스로 자발적으로 가는 곳이 아닌 만큼 군대 내에서는 자의적인 사고나 행동이 전혀 용납될 수도 없고 군인 또한 그저 국방부의 지시대로 움직여지는 단지 피동체일 수밖에 없음을 잘 알고 있었을 뿐만 아니라 사전 계획에 의해서 여행을 하거나 일을 보러가기 위해서 목적지를 미리 알아 본다든가하는 의욕 또한 손톱만큼도 없었기 때문이었다. 단지 입영통지서에 적힌 시간과 장소에 맞춰 이 한 몸 국방부의 처분에 맡길 심산이었다.

군부대가 자리 잡은 곳이 그렇듯이 민간인과의 접촉이 쉽지 않은 산골 속 어느 황량한 곳일 거라는 생각뿐이었다. 그래서 목포에서 출발한 입영열차도 논산까지 오는데 그렇게 많은 시간이 걸리지 않았던가?

영점사격이 있었던 날이었다. 영점사격은 실거리 사격에 앞서서 M16소총의 탄환 쏠림현상을 파악하여 가늠자와 가늠쇠를 조정하기 위한 것이다. 연무대 인근의 야산에 있는 영점사격장을 향하여 바쁜 걸음을 재촉하고 있었다. 훈련소의 블록담 너머의 산기슭 양지바른 곳에 십여 호의 농가가 자리한 마을 앞 좁은 들판의 농로를 지나서 영점사격장이 있는 야산을 향하고 있었다.

들판을 가로지른 도로가 보였고 그 가장자리에 길게 설치된 가드레일은 도로의 횡단을 차단시켜 놓고 있었다. 농로를 지나면서도 이런 황량한 곳에 차량통행량이 제법 많은 도로가 있다는 것에 대해서 의구심을 갖고 있었는데 그 도로에는 생각 외로 버스 등 많은 차량들이 바람처럼 빠르게 질주하고 있었다. 야산을 등지고 다시 그곳을 내려다 본 순간 나는 깜짝 놀라지 않을 수 없었다. 붉은 줄무늬로 도색된 차체에 눈에 많이 익은 거북이가 선명하게 그려져 있었고 거기에는 '광주고속'이라고 쓰인 고속버스가 연달아 달리고 있었기 때문이었다.

그때까지만 하여도 그 대로(大路)가 호남고속도로라는 사실을 꿈에서조차 생각하지 못한 상태였으므로 광주고속버스가 이런 군부대 인근까지 운행할 것이라고는 전혀 알지 못하였다. '광주고속버스가 이런 곳에까지도 다니네.' 라고 나 혼자 중얼거리듯 말하였으나 내 말에 대꾸하는 친구는 아무도 없었다.

'고향 까마귀만 보아도 반갑다.' 라는 말이 실감났다. 광주고속버스의 모습을 보고 마치 고향 가는 버스처럼 느껴져 가슴 한 구석에는 벌써 고향에 계신 부모님 생각으로 채워지고 있었다.

나는 다시 그 대로의 궁금함을 묻지 않을 수 없었다. 한 친구가 그 대로는 호남고속도로이며 지금 보이는 광주고속버스는 대부분이 서울과 광주를 오간다고 말해주었는데 그야말로 황당하기 이를 데 없었다.

그렇다면 저 버스를 타면 내 고향에도 갈 수 있고 부모님도 만날 수 있다는 얘기가 아닌가! 한낮의 태양위치 방향으로만 막연히 추적하였던 먼 곳의 고향이 갑자기 바로 지척 앞으로 옮겨놓은 듯한 느낌이었다. 나는 '논산' 이란 곳이 나의 고향과는 아주 먼 곳에 있다고 생각하여 이곳으로부터 고향의 위치가 얼마나 떨어져있는 곳일까라는 그런 의문도 가져보지 못했기에 눈앞의 고향 가는 버스는 가슴을 벅차게 하였고 사람 사는 세상과 아주 격리된 곳으로 여겨졌던 훈련소에 대한 감정을 조금씩 누그러뜨리게 해주었다.

그 후 나는 지도상의 논산을 확인할 수 있었는데 그 논산은 충청남도의 남쪽에 위치하였고 전라북도와는 경계를 이루고 있었다. 논산은 그동안 생각했던 만큼 그렇게 먼 곳에 있지도 않았다.

제대 후, 이곳을 무심코 지나쳐버린 경우는 단 한 번도 없었다. 직장이 있었던 서울을 오갈 때마다 그 당시 내가 느끼고 경험한 것들에 대해서 처와 자식들에게 말해주곤 하였는데 이젠 다들 지겹다는 눈치였다. 당시의 상황을 말로 다할 수 없는 심경이 그저 안타까울 뿐이었다.

영점사격

머리에는 철모, 오른쪽 어깨엔 M16소총, 오른쪽 어깨에서 왼쪽 허리로 가로질러 맨 방독면주머니, 허리에 찬 탄띠와 거기에 매단 수통은 우리가 행군을 하든 구보를 하든 간에 여간 불편한 게 아니었다.

철모는 말 그대로 쇠로 만든 모자로서 그 안에는 플라스틱제의 하이바가 안쪽으로 끼어져 있었고 하이바 안에는 머리를 조일 수 있도록 가는 고무줄로 엮은 +모양의 천이 부착되어 있었다. 철모를 쓰고 구보를 할 때면 하이바가 있다하더라도 철모가 헐떡거리기 십상이어서 한 손으로는 철모를 붙들어야만 했다.

이 철모를 한동안 쓰다보면 묵직하게 머리가 아파왔고 목도 뻐근하였다. 쉬는 시간만 되면 우선 먼저 철모를 벗는 것이 급선무였다. 철모를 벗고 나면 머리 윗부분은 +모양의 길이 나있었다.

M16 소총은 보기에도 멋진 총이었다. 몸통 가운데 부위에는 Made in USA가 선명하게 새겨져 있었다. 목재로 만들어진 M1과는 견줄 수 없을 정도로 성능이 좋아 보이는 총이었다. 교관의 설명에 의하면 M16의 탄환은 총구 안에서 수차례 회전하여 발사되기 때문에 총탄에 맞는 앞부분은 미미한 흔적만을 남기지만 총

탄이 나간 뒷부분은 벌집이 돼버린다고 하였다. 4~5백 미터 전방의 물체도 쏘아 맞출 수 있는 총으로서 정확도 또한 대단하다고 하면서 북한의 인민군이 가지고 있는 AK소총보다 성능 면에서 월등히 뛰어나다고 하였다.

산허리를 돌자마자 영점사격장에서 들려오는 M16 동시 발사음은 야산을 흔들어 놓을 만큼 컸다. 한 곳의 목표물을 향해 동시집중사격이라도 하듯 한 동안의 발사음과 한 순간의 침묵은 연이어 반복되곤 하였다.

영점사격이란 실거리 사격에서의 오차를 줄이기 위한 방법으로 소총탄환의 상하좌우 쏠림을 파악하여 가늠자의 눈금을 그 쏠림의 반대방향으로 조정하기 위한 25미터 근거리 사격을 말한다.

산비탈을 깎아서 만든 영점 사격장에는 먼저 온 훈련병들이 사선에서 사격을 하고 있었고 사선 아래 공터에는 많은 훈련병들이 땅바닥에서 이리 뒹굴고 저리 뒹굴고 있었다.

처음 대하는 실탄사격은 탄환만큼이나 위험스런 것이어서 사선에 오르기 전에 반드시 거쳐야할 통과의례가 있었다. '앞으로 취침, 뒤로 취침, 좌로 굴러, 우로 굴러, 철조망 통과, 원산폭격' 등을 수 없이 반복함으로써 녹초를 만들어 놓았던 것이다. 이는 처음 대하는 실탄사격이 훈련병들을 긴장시키게 되고 이러한 긴장으로 인하여 자칫 오발사고가 날 염려가 있기 때문에 사전에 육체적 긴장을 풀어주기 위함이었다.

첫 발의 방아쇠도 당기기 전에 옆 사선에서의 총성이 울리면서 폭죽 터지 듯 연달아 발사되었으나 그 소리는 폭죽의 그것과는 비교가 되지 않았다. 엎드린 자세임에도 총구의 미세한 흔들림은 멈추지 않았으므로 숨을 멈춘 상태에서 검지로 방아쇠를 두 단계(1단계는 반만 당기고 2단계에서 나머지를 당기는 것)로 나누어 당겼다.

실탄 발사시 반작용에 의한 충격을 대비하기 위해서 총의 개머리판을 어깨에 바짝 밀착토록 하였으나 총의 좋은 성능만큼이나 충격도 크지 않았다. 노리쇠뭉치 안의 실탄이 발사되었음을 말해주듯 총구에서 한 가닥의 연기와 화약 냄새가 피어올랐다. 실탄 세 발을 쏘아 탄착군을 형성하는 것이 영점사격의 목적이었으므로 그렇지 못한 경우에는 정신집중이 안됐다 하여 그만한 대가를 몸으로 톡톡히 감내하여야만 했다.

사수의 사격이 끝나면 한 조로 된 조수와 사수의 역할이 바뀌고 조수는 사수의 뒤쪽 오른 편에 쪼그리고 앉아 사수가 발사한 탄피를 주워 모아야 했다. 방금 탄환과 분리된 탄피는 노리쇠뭉치 안에서 불을 품었던 만큼 이를 바로 줍게 되면 손을 데일만큼 뜨거웠다.

대개의 탄피는 떨어지는 위치가 일정하였으나 어떤 경우는 이외의 곳에 떨어져 이를 찾는데 애를 먹이기도 하였다. 한 개의 탄피라도 잃어버려서는 절대 안 되었다. 탄피 하나는 실탄 하나로 간주되었기 때문에 교관과 조교는 우리들이 수거한 탄피의 개수를 일수 돈 이자 받듯 일일이 세고 확인하였다.

영점사격이란 것이 궁극적으로는 적의 심장부위를 정확하게 맞추기 위한 것임을 생각할 때 입대하기 전에 마을 뒤편 대나무 밭에서 공기총으로 참새를 쏘아본 적이 있긴 하였으나 지금의 이 총으로 과연 사람의 심장부위를 조준하여 사격할 수 있을까하는 의구심이 들었던 것은 아직 군인정신이 충만하지 못한 탓이었을 것이다.

화생방훈련

훈련 일정이 막바지에 이르러 화생방훈련의 하나인 최루탄가스를 직접 체험하는 날이었다. 화생방훈련이란 화학전·생물학전·방사능전을 대비한 훈련으로서 우리들에게는 아주 생소하였다.

화생방훈련의 필수 장비인 방독면을 뒤집어쓰면 마치 괴물처럼 보였다. 특히, 턱 부위에는 연실(蓮實)처럼 구멍이 뚫린 공기정화통이란 것이 혹처럼 붙어 있었기 때문이다.

교관과 조교들은 행군하거나 교육 중에 이따금씩 '가스' 라고 상황을 부여하였고 그 때마다 우리들은 재빨리 이 방독면을 뒤집어써야만 했는데 방독면을 착용한 채 구보라도 하게 되면 필요한 산소공급이 충분하지 못해 얼마가지 않아 헐떡거렸을 뿐만 아니라 방독면 눈 부위의 투명 플라스틱에는 김이 서려 도무지 앞이 보이지 않았다.

화생방 교육장은 아직 멀었는데도 마치 고춧가루가 바람결에 날리기라도 한 듯 벌써부터 몇몇 친구들이 재채기를 하기 시작하였다. 교육장으로 가는 길가의 풀잎에 묻은 최루탄가스가 바람에 날아들어 가스실 근방에도 가지 않았는데 코끝이 싸늘하고 눈이 따끔거렸다.

한 무리의 훈련병들이 모두들 콧물과 눈물을 질질 흘리면서 지나갔다. 얼굴표정이며 복장상태가 말이 아니었다. 이들은 이미 가스체험 훈련을 마치고 다음 교육장으로 가고 있는 중이었다. 이들이 멀리서 오고 있을 때부터 그쪽에서 불어온 바람결에 의해 최루탄가스의 독성이 어느 정도인지를 짐작케 하였고 이들이 우리 곁을 지나칠 때는 흐르는 눈물을 주체할 수가 없었다. 훈련복에 묻은 최루탄 가스 때문이었다.

야산에 자리 잡은 교육장에 도착하였을 때는 먼저 온 훈련병들이 대기하고 있었다. 건너편의 교실 한 칸 크기의 블록건물은 미장을 생략한 엉성한 모습이었고 그곳을 드나드는 문은 단 하나밖에 없어 허름한 창고나 다름없었다.

먼저 들어간 훈련병들이 마치 질식 상태에서 막 벗어난 듯 뛰쳐나오고 있었으며 그 몰골들이 심상치가 않았다. 어떤 친구는 나오자마자 토하기까지 하였다. 대기 중인 또 다른 소대원들이 가스실에 들어가고 있었다. 모두가 일렬로 서서 한 손을 앞사람의 한쪽 어깨에 올려놓고 다른 한 손으로는 코를 잡고서 고개를 푹 숙인 채 따라 들어가고 있었다. 방독면을 착용하지 않은 이유는 가스의 실체를 직접 체험하기 위함이었다.

어떤 친구는 창고입구 앞에 들어서자마자 밖으로 뛰쳐나갔다. 이를 지켜보고 있던 교관이 이 친구를 붙잡아놓고 몽둥이로 짓이겨 놓은 후에 다시 창고 안으로 밀쳐 넣었다. 그리고선 밖에서 문을 잠가버렸다.

가스실 주변에서 이를 지켜보고 있었으나 우리들의 얼굴은 벌써부터 눈물과 콧물로 뒤섞여있었다. 가스실 밖인데도 이렇듯 고통스러운데 막상 가스실로 들어가게 되면 얼마나 괴로울까 하는 두려움이 앞섰다.

드디어 우리소대의 차례가 되었다. 대기하면서 이미 밖에서나마 최루탄가스를 맡을 대로 맡았다고 생각했을 뿐만 아니라 들어가지 않을 수 없는 상황임을 잘 파악하고 있는 우리소대원들은 숨막힌 상황에서도 교관의 지시에 흐트러짐 없이 순응하고 있었다. 우리소대 만큼은 뭔가를 보여주자며 단 한 사람도 대열에서 이탈하지 말자고 한 교관의 당부도 있어 굳은 결의를 다진 탓도 있었지만 만약 이를 어겼을 경우 무자비한 반대급부가 뒤따르리란 것을 잘 알고 있었기 때문이었다.

창고 안으로 들어간 우리들은 한쪽 구석에 웅크리고 앉아 교관의 지시에 따라 눈을 꼭 감은 채 한 손으로 코를 막고 입으로만 호흡하였다. 이미 내성이 쌓여서 인지 건물 밖에서 생각했던 만큼 못 견딜 정도는 아니었다. 함께 들어 온 교관의 지시에 의해 군가 몇 곡을 악쓰듯 불렀다.

마침내 정해진 10분이 지나서 문밖으로 나갈 때쯤 조심스럽게 실눈을 뜨고서 실내를 살펴보았으나 그 안에는 아무시설도 없는 텅 빈 시멘트 바닥이었으며 최루탄 가스의 색깔 또한 보이지 않았다. 다만, 흐릿한 느낌이었을 뿐이었다. 그것은 아마 눈물, 콧물로 뒤섞이게 된 상태에서의 내 시야가 흐렸기 때문이었을 것이다.

단 한 명의 이탈자 없이 훈련을 마친 것에 대해 수고 했다고 말하는 교관의 얼굴에도 눈물이 멈추지 않고 있었다. 그곳을 나오자마자 우리들은 웃옷은 물론 바지까지 벗어 옷에 묻은 가스를 털어 내야만 했지만 쉽사리 그 냄새를 떨쳐버릴 수가 없었다. 다음 교육장으로 이동했는데도 그 매운 냄새에서 헤어나지 못한 채 감정 없는 눈물을 계속 흘려야만 했다.

내가 근무하게 된 자대(自隊)에서는 중대장 이상의 지휘관들이 예고 없이 내무반 또는 작업장 등에 들이닥치는 긴급 상황을 다른 대원에게 알리고자 할 때는 이를 먼저 본 누군가가 '가스!' 라고 소리쳤다. 이때 주변의 모든 장병들은 일제히 하던 일을 멈추고 부동자세를 취하곤 하였다. '가스' 라고 하는 긴급 상황이 말해주듯 화생방훈련은 그렇게 기억하기조차 싫은 훈련이었다.

이등병

잔인한 사월의 강물은 나무늘보 걸음처럼 더디 흘러갔음에도 어느새 오월의 문턱을 넘어서고 있었다. 훈련장 주변의 버드나무 잎도 시나브로 어른 손바닥만 한 크기로 자라 한여름의 뙤약볕에도 견딜 만큼 진한 녹색으로 변모해 가고 있었다. 그것은 봄바람을 유혹하듯 펄럭거리고 있었고 그럴 때마다 숨겨진 은빛을 언뜻언뜻 드러내 보였다.

4주간의 훈련기간 동안 땀을 임부(姙婦)의 양수만큼이나 흘렸을 지도 모를 일이었다. 새 생명을 탄생시키듯이 4주 전의 자유분방한 민간인을 절대 복종 만이 존재하는 군인이라는 새로운 인간으로 개조시켜 놓았다.

4주간의 군사훈련이 끝난 오늘 여기까지 이르는 동안 한시도 맘을 놓은 적이 없을 만큼 하루하루를 긴장 속에 생활한 탓인지 아니면 머나먼 군인의 길이 막막해 보였기 때문인지 무거운 짐을 벗어버린 홀가분한 기분마저 느끼지 못하고 오히려 동기들과 뿔뿔이 헤어져 며칠 있으면 시작하게 될 자대생활을 걱정하지 않을 수가 없었다.

훈련을 마치던 날 저녁, 입대이후 처음으로 회식시간을 가졌다.

입대한 후 처음으로 맛보는 막걸리 한 잔은 고된 훈련의 보상이기도 하였고 그 어떤 성취감에 대한 자축하는 의미이기도 하였다. 그간의 노고를 위로 받기에는 턱없이 부족하다는 생각이 들기도 하였으나 이 악마의 소굴 같았던 이곳에서 그나마 이런 기회가 주어진 것에 대해서 그저 고마워 할 뿐이었다.

악랄해 보였던 교관은 벌써 불콰한 얼굴로 횡설 수설하고 있었다. 심술궂고 인정머리 없었던 평소의 모습과는 완전 다른 모습을 보여주고 있었다. 그는 그동안의 구타행위에 대해서 개인적 감정에 의한 것이 아니었다면서 이해를 구하기도 하였고 교육상 불가피하였다는 변명도 늘어놓았다.

당시에는 훈련을 마치고 훈련소를 떠날 때 훈련기간 동안 당했던 구타 등 부당한 처우에 대해서 무기명으로 작성하여 제출하는 '소원수리' 라는 것이 있었다. 이 교관으로부터 구타를 당할 때마다 소원수리에 반드시 밝히겠다고 굳게 다짐한 적이 한두 번이 아니었다.

그런데 지금의 교관은 회식자리를 빌어 우리와 헤어짐을 아쉬워하며 눈물까지 흘리면서 우리들의 감성에 이렇게 호소하고 있지 않은가! 어제와 다른 교관의 모습이 비굴해 보이기까지 하였다. 오늘의 내무반 분위기는 지금껏 가졌던 교관에 대한 감정을 누그러뜨렸으며 한 잔의 막걸리 또한 그것을 희석시키고 말았다.

이튿날 우리들에게는 많은 관물이 지급되었다. 그간 온몸을 감싸고 있던 것을 벗어버리고 발끝에서부터 머리까지 새로운 관물로 포장하였다. 그중 가장 만족스러웠던 것은 그동안 족쇄처럼 생각되었던 훈련화 대신 가죽군화를 신게 되었다는 사실이었다. 훈련소에서의 가죽군화는 기간병과 훈련병을 구분하는 기준이 되는 만큼 이 가죽군화는 바로 신분상승을 의미하기도 하였다.

특히, 모자와 군복에 부착하는 이등병 계급장은 계급사회에서의 바닥을 의미한 것이 아니라 상승된 신분의 표식이었으며 이는 군화 앞부리의 광택보다 더 빛나 보였고 또한 그것은 훈련병이라는 허물을 벗고 대한민국 군인으로의 완연한 변태를 의미하기도 하였다.

그 다음날 오후 늦게 연병장으로 나와 주특기와 부대배치를 받았다. 관물을 가득 채운 더블백을 메고 4주 전에 도착했었던 연무역으로 향하고 있을 때 입영열차에서 내린 삭발들이 겁먹은 표정으로 연무대 정문을 오리걸음으로 들어서고 있었다. 완장들의 호루라기는 여전히 그 기세가 등등하였다.

한 달 전 당시 우리가 느꼈던 것처럼 우리들을 바라본 삭발들의 부러운 눈길을 느낄 수 있었다. 또한 그들이 그렇게 애처롭게 보였던 것은 지난 4주간의 힘겨움을 몸소 체험한 선험자로서 이들이 앞으로 감내해야 할 고행에 대해 알고 있었기 때문이었다. 파르스름한 삭발의 모습과 그들이 입고 있는 정연하지 못한 사제복(私製服)은 4주 전의 내 모습을 보는 것 같아 더욱 안타까웠다.

그동안 정들었던 우리 소대원들과 헤어지게 되었으나 그들 중 몇몇은 같이 가는 경우도 있었다. 여기서 헤어지면 영원히 못 보게 될 친구도 있었을 터라 부디부디 건강한 모습으로 제대하기를 바라는 마음을 전하기 위해 두 손으로 마주잡아 주기도 하였다.

서울로 향하는 열차에 몸을 싣고 앞으로 닥쳐올 역경을 어떻게 헤쳐 나가야 할 것인지 또 하나의 커다란 근심이 뇌리에 떠나질 않았다. 차창너머 농촌의 전등불빛이 고향의 모습과 다름없건만 나에겐 아무런 감흥이 일어나지 않았다.

수송대대에서

자대 가는 길

경기도 북부에 위치하고 있는 보충대의 색다른 분위기속에서 이틀을 보냈다. 보충대를 떠나던 날, 내가 배속 받은 부대는 ○○사단이었다. 당시 보충대에서는 ○○사단 빼고는 어느 부대를 배속 받아도 괜찮다는 식으로 말하곤 하였다. 이는 ○○사단의 군기가 그만큼 세다는 의미였다.

조식(朝食)을 마치고 더블백을 멘 채 보충대 연병장에 나와 보니 벌써 십 여대의 여행사 버스와 군용트럭들이 우리들을 기다리고 있었다. 여행사 버스는 주로 전방부대로 배속 받은 신병들을 수송하였는데 장거리 이동에 따른 안전사고를 방지하기 위함이었고 군용트럭은 보충대에서 지근거리에 있는 부대로 배속 받은 신병들의 수송을 맡았다.

모든 보충병들이 이 군용트럭에 승차하기를 선망하였으나 어찌 그것이 원한다고 될 일인가! 겉치장이 화려해 보인 여행사 버스들이 저만치서 우리들을 기다리고 있었다. 군용트럭을 타지 않더라도 좋으니 ○○사단만큼은 빗겨가길 바랐지만 그 기대는 물거품이 되고 말았다. 비록 여행사 버스를 타고 간다하더라도 ○○사단 이외의 부대로 배속 받고자 하는 것이 나의 간절한 소망이었다.

이곳 보충대에서 ○○사단에 관해 많이 들었기에 '앞으로 3년간의 군 생활이 고달프겠구나!' 라며 좌절감에 젖기도 하였으나 그저 주어진 운명이겠거니 생각하며 찹찹한 심정으로 버스에 올랐다. 귀착지가 같은 모든 신병들의 표정은 굳어 있었고 서로 간에 말도 없었다. 창밖의 군용트럭은 아직도 출발할 낌새조차 보이지 않는데도 ○○사단 행 버스는 서서히 연병장을 벗어나고 있었다. 트럭 주위에 모여 있던 밝은 모습의 신병들이 먼저 떠나는 우리들에게 손을 들어 환송해 주었다.

군인 신분만 아니면 더할 나위 없이 좋았을 여정이었겠지만 승객의 마음을 아는지 모르는지 버스는 쉼 없이 줄곧 비포장도로를 달리고 있었다. 운전기사 양반 또한 우리들에게 따뜻한 눈길 한번 주지 않았다. 버스 안 분위기는 장의차 분위기와 별반 다름이 없었다.

차창 밖의 산과 들에는 5월의 절기답게 푸른 단장을 마무리하고 신록의 계절을 맞이하기 위해 늦봄의 햇살을 빨아들이고 있었으며 이따금씩 산비탈을 돌아서면 아카시아 꽃이 초롱처럼 매달려 꽃향기를 발산하고 있었을 것이므로 춘정에 못 이겨 봄 내음이라도 맡을 성 싶었겠지만 출발 시부터 여태껏 굳게 닫친 차창을 누구하나 열려고도 하지 않았다. 그저 스치는 봄날의 풍경이 눈의 망막에만 현상될 뿐 가슴속까지는 인화되지 않고 있었다.

가파른 산비탈에 기대어 흐르는 강물이 그동안 내 고향에서 보아온 그것들과는 다른 모습을 보여주고 있었을 뿐만 아니라 오고 가는 군용차량과 군인들로 인하여 삼엄한 느낌마저 들었다. 좁은 들판에서 피어오르는 아지랑이는 봄의 열기를 토해 내고 있었으나 그것 또한 수증기의 증발현상에서 나타나는 한갓 빛의 굴절현상일 뿐이었다.

우리의 차는 동북부 방향으로 나아가고 있었다. 시간이 가면 갈수록 평야지대는 보이지 않았고 계곡은 점점 좁아져 버스 차창과 맞닿을 것처럼 보였다. 산의 기슭과 강의 줄기가 서로 연모하듯 굽이굽이 감돌고 있었으며 어느 곳에 이르러서는 산은 강이 되고자 그 마루를 낮추고 있었고 강은 산이 되고자 그 바닥을 얕게 드러내고 있었다. 그마저 비포장도로는 산과 강의 애틋함을 갈라놓고 있었다.

어느덧 도착한 곳은 ○○사단 교육대였다. 교육대는 사단내의 부대로 배치되기 이전에 잠시 머무는 보충대의 역할도 함께 하고 있었다. 이곳의 기관병들이 입고 있는 군복의 어깨 아래 부위에는 ○○사단의 휘장이 붙여 있었다.

교육대대는 논산훈련소를 거치지 않는 장정들이 곧 바로 이곳에 집결하여 훈련을 받는 곳으로 백여 명 정도의 훈련병들이 연병장에서 훈련을 받고 있었다. 이곳의 훈련분위기는 논산훈련소보다 위압적이지 않아보였다. 제식훈련을 하는 것으로 보아 입대한지 채 1주일도 안 되었을 것 같았다. 비록 이등병 계급일망정 이들에게는 부러움의 대상이 될 텐데도 정작 나는 ○○사단의 배속이 결정된 이후 줄곧 우울한 심정을 감출 수가 없었다.

이곳 교육대대도 자대를 배속받기 위한 통과절차인 만큼 며칠 안에 정해질 자대는 어느 부대가 될지 또 다른 걱정이 이어지고 있었다.

수송대대

○○사단 보충대역할을 겸하고 있는 교육대에서 이틀을 보내고 수송대대로 인솔되었다. 교육대와 인접한 수송대대는 ○○사단 중에서도 군기가 세다는 말을 들었었다. 수송대대 병사들은 사회에서 주로 운전을 직업으로 하던 사람들이라 학력수준이 낮아 그만큼 무식하게 군기를 잡는다는 것이었다.

나를 포함한 신병 5명은 수송대대 정문의 위병소에 도착하였다. 위병소에서 부대로 향한 진입로 양쪽에 줄지어 있는 해묵은 수양버들 가지는 삼엄한 병영의 분위기와는 다르게 맥없이 아래로 축 처져있었다.

위병하사관이 우리를 인수하였다. 그 위병하사관은 우리가 이제까지 보아온 그런 모습의 위병하사관이 아니었다. 작은 키에 입고 있는 군복 또한 깔끔하지 않았으나 신고 있는 군화의 앞부리만큼은 광택이 잘 나 있었다.

그 위병하사관은 신병들 각자에게 개인 신상에 대해서 심문하듯이 물었다.

"고향이 어디냐?"

"사회에서 무엇 하다 왔느냐?"

그리고 수송대대의 군기를 보여주겠다며 장난삼아 얼차려를 시켰음에도 그렇다고 허투루 할 수는 없었다.

오후의 나른함이 묻어나는 수양버들 가지 끝이 봄바람에 살랑이듯 흔들리고 있었다. 어느 누구 단 한 사람한테도 환영받지 못한 자대배치일망정 수양버들의 미세한 흔들림이나마 새 식구를 받아들이는 따뜻한 마중으로 느끼고 싶었다.

수송대대는 여느 부대와 마찬가지로 산자락 끝에 자리 잡고 있었다. 부대 진입로에서 바라본 연병장은 마치 공굴대로 밀어 놓은 듯 지면이 고르게 펼쳐 있었다. 그곳을 누군가가 걷게 되면 눈밭에 발자국을 남기듯 오점을 남기게 될 것처럼 보였다. 왕모래 하나라도 찾아볼 수 없는 연병장은 수송대대의 군기를 한 눈에 보여주는 것 같았다. 진입로에서 가까운 우측으로는 행정실로 보이는 막사가 있었고 그 막사와 전봇대 한 칸 거리의 일직선상에는 내무반으로 보이는 막사 두 동이 길게 자리 잡고 있었다.

부대 막사 뒤로는 산자락을 파헤쳐 만든 수많은 대피호가 위장막으로 덮여 있었으며 그 안에는 검푸른색으로 도색된 군용트럭들이 남의 눈을 피해 은신하고 있었다. 행정실 막사 뒤쪽으로는 또 다른 광장이 있었다. 그곳에는 많은 군용트럭들이 질서 정연하게 도열해 있었고 군인이라고는 도저히 믿기지 않을 정도로 기름때 묻은 작업복을 입은 병사들이 차량정비를 하고 있었다. 총 쏘고 훈련하는 것만이 군인이 아니라는 생각을 갖게 하였다.

행정실에 들어선 우리는 나이 지긋해 보이는 상사의 일장 훈시 말씀에 이어 기관병으로부터 부대의 개략적인 설명을 들었다. 이 수송대대는 근무중대와 수송중대로 나눠져 있었으며 대대본부의 행정병과 취사병, 운전병 등으로 구성된 근무중대는 운전병의 경우 사단예하부대에 부식이나 연료 등을 수송하는데 지원되었고 운전병과 정비병으로 구성된 수송중대는 사단예하부대의 전투인력을 수송하는데 지원된다고 하였다.

대대본부에는 행정과, 보급과, 운용과가 있었고 각 사무실에는 장교와 하사관 및 병사들이 사무를 보고 있었다. 우리 신병들은 긴 여정의 마지막 귀착지인 수송대대에서의 첫 날밤을 맞게 될 근무중대 1소대 내무반으로 안내되었다. 이곳 1소대는 신병들의 경우 중대 배치를 받기 전 하루 이틀간 거쳐 가는 곳으로 대부분이 대대본부 행정병들이 소속되어있어 내무반 분위기는 비교적 조용한 느낌이었다.

일석 점호시간이 다가오자 소대원 전원이 내무반 청소와 관물정리 등으로 분주하게 움직였으며 특히 몇몇 병사들은 고참 군화를 닦기도 하였으나 하사인 내무반장과 고참 병장들은 한쪽 구석에 앉아 그들만의 특권을 누리고 있는 듯 잡담을 하며 여유 있는 모습을 보여주고 있었다.

중대본부에서 점호를 알리는 신호와 함께 내무반 전원이 양쪽 침상을 마주보며 삼선에 정렬하자 노란 완장을 찬 중사가 1소대 내무반에 들어섰다. 당직사관인 그의 깡마른 얼굴에는 직업군인의 고단함이 배어 있었고 일터에서 금방 돌아온 듯한 그의 복장이며 자세 또한 이제껏 보아온 하사관의 정연한 모습과는 달라 보였다.

고참 병장과 상병, 일병, 이병이 함께 받은 점호는 처음이었다.

지금껏 받아보았던 점호와는 판이하게 달랐다. 당직사관은 고참병들과 농담을 하기도 하였고 고참병들은 우리들과는 달리 긴장하지도 않은 채 당직사관의 농담을 받아 넘기기도 하였다.

이날 받아본 저녁점호를 통해서 이제껏 생각해 왔던 경직되고 위압적일 것이라는 내무반 분위기에 대한 염려를 조금이나마 덜 수가 있었다. 수송대대에서의 첫 날이 자꾸만 감기는 눈꺼풀을 감당하지 못한 채 마무리되고 있었다. 하루하루가 막다른 목적지를 향해 점점 다가가고 있음을 실감할 수 있었다.

은총

보충대나 마찬가지인 근무중대 1소대에서 하룻밤을 보내고 일행 5명 중 나를 포함한 3명은 근무중대, 나머지 2명은 수송중대로 배치되었다. 근무중대는 4개의 소대로 구성되어 있었고 근무중대본부 사무실은 중대막사의 중간에 자리 잡고 있었다. 내무반과 내무반사이에는 위아래가 터진 여닫이문이 있었고 이는 단순히 내무반과 내무반을 구분하기 위하여 설치한 것으로 보였다.

블록으로 지어진 이 중대건물의 외벽은 푸른빛이 감도는 흰색이었으나 묵은 때로 인해 회색으로 변질되어 있었고 바닥에서 한 자 높이의 건물 밑 부분은 까맣게 도색되어 있었는데 빗방울의 튄 자국으로 인하여 지저분하게 보였다. 건물외벽의 색깔만으로도 부대의 분위기를 가히 짐작할 수 있었다.

지금껏 보아 왔듯이 군기 잡는 버릇은 이곳 중대본부라고 예외일 수는 없었다. 다만 신병이라는 이유만으로 얼차려를 받는 곳은 이곳 중대본부가 마지막 단계일 거라는 생각이 들었다.

일행 3명은 각각 2, 3, 5소대로 각각 배치되었다. 내가 근무할 곳은 3소대였다. 근무중대 중 1소대를 제외한 2소대와 3소대는 전원이 운전병으로 구성되어 있었으며 이들은 2.5톤 군용트럭을 운행하였고 운전병과 정비병으로 구성된 5소대는 운전병의 경우

대형유조차와 특수차량의 운행을 맡고 있었다.

차량 한 대에 사수 1명과 조수 1명이 딸려있었다. 눈웃음치는 눈매를 가져 마음씨 좋아 보이는 이(李) 병장이 나의 사수가 되어 주었다. 사수인 이 병장과 함께 간 차고지에는 많은 소대원들이 기름때 묻은 정비복을 입고 차량정비에 여념이 없었다. 이 병장은 신참인 나를 소대원들한테 소개함과 동시에 소대원들이 하는 일과 부대의 시설에 대해서 자세히 알려주었다.

이 병장은 오늘 저녁 점호시간에 있을 소대전입 신고식이 염려되었는지 내가 묻지도 않았는데도 '오늘 저녁만 잘 견디면 될 것이다.' 라고 말해 주었으나 걱정이 이만 저만이 아니었다. 입대하기 전부터 익히 들어왔을 뿐만 아니라 자대 신고식이 혹독하다는 것은 다 알고 있는 기정사실이었기 때문이었다.

석식을 마치고 약간의 자유시간이 주어진 시간에 선임병들을 따라 중대막사 뒤쪽의 세면장 옆으로 가게 되었는데 거기에는 분대장의 상징인 녹색 견장을 부착한 한 병장이 엎드려 있는 세 명의 병장들에게 곡괭이자루를 들고 이들의 엉덩이를 두들겨 패고 있었다.

세 명의 병장 중에는 내 사수인 이 병장도 속해 있었다. 곡괭이자루를 들고 있는 병장과 매를 맞고 있는 병장은 같은 병장이라도 복무기간에 있어서 상당한 차이가 있어 보였다. 곡괭이 병장의 말은 장황스럽긴 하였으나 한 마디로 소대원들의 군기가 요즘 형편없이 빠졌다는 것이었다. 지금의 상황이 이것으로 일단락되지 않으리라는 것은 애써 설명하지 않아도 짐작할 수 있었다. 소임을 마친 곡괭이 병장이 옆에 있던 그의 동기들과 함께 사라지자 어느 샌가 소대원 전원이 엉덩이 병장들 앞에 집합해 있었고 나도 맨 뒤에 서있었다.

매 타작을 당한 엉덩이 병장들이 곡괭이 병장으로 돌변하여 계급 순으로 매타작을 하기 시작하였다. 비명소리와 함께 나뒹구는 하나하나의 모습이 고통스럽고 애처롭게 보였다. 이 곡괭이자루는 마지막으로 나만을 기다리고 있었다. 그 곡괭이 병장은 내가 오늘 전입한 신병임을 알고서 곡괭이자루 세례를 면해 주었다. 내 사수인 이 병장이 곡괭이 병장한테 몇 마디 한 후의 일이긴 하였으나 엎드려 있는 자의 얼굴을 일일이 분간하면서 매질할 상황이 아니었음을 감안하면 만약 이 병장의 말씀이 없었다면 곡괭이 자루의 맛을 톡톡히 보았을 뻔하였다. 이 병장의 말씀이 바로 복음이었다.

매 타작이 끝난 후 해산할 것처럼 보였으나 상병이란 작자가 대열 앞에 나서서 다시 한 번 긴장을 고조시켰다. 또 다시 곡괭이 자루의 난동을 볼 줄 알았으나 다행히도 일장 훈시로 상황을 끝냈다.

지금껏 한 번도 곡괭이자루 맛을 보지 못했으나 머지않아 그 맛을 톡톡히 보게 되겠구나하는 염려도 있었을 뿐만 아니라 마침 내 소대원의 일원이 되었음에도 전 소대원이 참여한 행사에 나만 빠지는 것 같아 불안하기도 하였다.

이날 밤에 있을 신고식은 이미 각오하지 않은바 아니었지만 곡괭이 병장의 은총이 오히려 큰 부담으로 느껴졌다.

점호 준비

조금 전에 막사 뒤쪽에서 병장들이 설쳐 됐던 곡괭이 자루의 약발은 즉효로 나타난 듯 보였다. 저녁 점호가 시작되기까지는 아직 시간적 여유가 있었을 뿐만 아니라 옆 내무반에서는 웃음소리가 자자한데도 우리 내무반의 상병 이하 졸병들은 점호 준비에 정신이 없었다.

내무반 실내 바닥의 물청소 작업이 시작되었다. 바닥에 쌓인 잔모래와 먼지를 제거하기 위해서 물을 내무반 바닥에 퍼부어 바닥청소를 하고 난후 구정물을 퍼내는 작업인데 이를 '미싱하우스'라고 하였다. 내무반 바닥에는 물을 뺄 수 있는 배수구가 따로 없었기 때문에 바닥에 흥건히 차있는 물을 제거하기란 쉬운 일이 아니었다. 플라스틱 바가지와 쓰레받기를 사용해서 물을 퍼낸 다음에는 수건걸레를 사용해서 바닥의 물기를 완전히 제거하였다. 수건걸레가 이토록 많은 수분을 흡수하는지 처음 알게 되었다.

이어서 내무반 안에 있는 모든 군화를 내 것 네 것 구분 없이 깨끗하게 닦아 놓았고 자칭 이발사라는 상병은 내무반 통로에서 받침대에 앉아있는 누군가의 두상을 오직 바리캉 하나만으로 이발 실력을 과시하고 있었다.

내무반이 산뜻하게 바뀌었다. 점호 준비가 거의 끝나고 점호 시간이 다가오자 곡괭이 병장들이 영내화 차림에 발그레한 얼굴로 누룩 냄새를 풍기며 내무반 안으로 들어섰다.

곡괭이 병장과 엉덩이 병장들이 함께 부대 안에 있는 PX에서 막걸리를 마셨던 것이다. 이들 막걸리 병장들의 취기는 각각 달랐다. 내 사수인 이 병장은 술을 이기지 못한 듯 홍당무로 변한 얼굴로 내게 다가와 역겨운 단내를 풍기면서 횡설수설하다가 관물대에 기댄 채 잠이 들었으며 거무스레한 구레나룻의 각진 턱이 돋보인 어느 병장은 욕설을 써가며 농담조로 아무에게나 시비를 걸고 있었으나 얼굴 표정으로 보아 정색하고 하는 말은 아닌 듯 보였다. 내무반장으로 보이는 한 병장은 전혀 막걸리를 마시지 않은 듯 언행이 아주 점잖았고 천성이 착해 보였다.

원래 수송대대 구성원은 행정병 등을 제외하면 거의가 운전병으로 되어있었다. 훈련소에서 운전병으로 차출할 때에는 사회에서 운전경험이 있는 자가 우선으로 선발되었다. 당시만 하여도 오늘날처럼 자가용이 많지 않았기 때문에 으레 수송부대에는 사회에서 택시나 트럭을 몰던 기사들이 상당수 있었는데 이들의 성깔이 그리 너그럽지 못하다는 것이었다. 그래서 소대 배치를 받은 첫날부터 곡괭이자루의 춤을 보게 되었는지도 모를 일이었다. 수송부대가 어느 부대보다 군기가 세다는 말이 없지 않았으나 오늘 저녁까지 이들을 대해본 바에 의하면 아직 더 있어봐야 알겠지만 운전병 개개인의 인상과 품성들이 생각했던 만큼 거칠어 보이지는 않아 보였다.

아직도 점호가 시작되려면 반시간 이상이 남았으나 병장을 제외한 어느 누구 한 사람도 휴식을 취하는 경우는 없었다. 석식 후의 곡괭이 자루의 영향인 지 아니면 항상 내무반 분위기가 이러한 지는 오늘 전입한 나로서는 헤아릴 수는 없었지만 가슴팍 높이의 위치에 설치된 두 짝의 여닫이문 너머로 훤히 보이는 5소대와는 그 분위기가 사뭇 달랐다. 5소대 내무반에서는 지금껏 자유시간을 보내다가 점호시작 30분 전부터 점호준비를 한다고 서너 명이 바닥을 쓸고 있을 뿐이었고 대부분은 자신의 관물함을 정리하고 있었다.

5소대의 내무반장으로 보이는 덩치 큰 병장이 우리 내무반으로 건너와서는 신병들에게 가장 공통적인 질문인 '고향이 어디냐? 사회에서 무엇 하다 왔느냐?' 등 몇 마디를 내게 묻고 돌아갔다. 5소대는 대형 유조차(12톤)와 5톤 이상의 대형트럭을 모는 소대인 만큼 소대원 전원이 키가 크고 덩치가 큰 자들로 구성되어 있었고 다른 소대와 다르게 십여 명의 정비병들이 함께 소속되어 있었다.

군대에 입대한 지 오늘에야 비로소 내가 제대할 때까지 근무하게 될 부대로 배속되어 소대의 한 일원이 되었다는 점에서 심적으로나마 다소 안정감을 느낄 수 있었다. 훈련소를 거치면서 투철한 군인 정신으로 무장되었다고는 말할 수 없으나 나라의 필요에 응할 수 있을 정도의 군인으로 개조되어 있었다고 스스로 느낄 수 있었다. 새로운 모습으로 변태되어 있는 내 모습에 대해 한 번쯤 감상적으로 생각해 볼 여유도 가질 수 있었겠으나 오늘저녁

만큼은 잠시 후면 시작될 신고식으로 인하여 입안의 침이 바싹 타들어 갈 정도로 초조하기 이를 데 없었다. 별 탈 없이 오늘 하룻밤이 지나가길 바랄 뿐이었다.

이 밤만 새면 앞으로 큰 어려움 없이 군 생활을 할 수 있게 될 것이라는 위안으로 무조건 버텨볼 요량이었다.

신고식

물청소를 한 탓으로 한층 산뜻해진 내무반 환경뿐만 아니라 사병들의 긴장된 점호자세가 그 어느 때와는 확연히 달랐을 것으로 느꼈을 당직사관은 내무반장의 인원보고만을 받고 이날의 일석점호를 끝내주었다.

잠시 후 내무반장이 신병전입에 대한 신고식이 있음을 알리자 전 내무반원이 한 쪽 침상의 끝 지점으로 모여 앉았고 나만이 그 반대편 침상에 부동자세로 서있게 되었다.

내가 위치한 곳은 침상의 4분의 1을 경계로 페치카(벽난로 일종)가 자리 잡고 있어서 내무반 바로 옆에 있는 중대본부의 시선으로부터 어느 정도 자유로울 수 있었기 때문에 내무반의 왕고참 관물대가 있는 곳이기도 하였다. 그러니까 구타, 얼차려 등 혹독한 행위가 있더라도 소리만 지르지 않는다면 중대본부의 당직사관이 전혀 눈치 챌 수 없는 공간이었다.

드디어 신고식이 시작되었다. 죽기 아니면 까무러치기라고 맘을 굳게 먹고 있었으나 막상 신고식이 시작되자 쥐가 나듯 온몸이 굳어지는 것을 느꼈다. 이미 맞은편 침상 한 곳에는 30명 가까운 내무반원들이 질서 정연하게 앉아 나를 안쓰럽게 바라보고 있었고 고참으로 보이는 몇몇 병장들은 침상에 걸터앉은 채로 나를 노려보듯 지켜보고 있었다.

어느 사이에 내 앞에는 인상이 곱지 않아 보이는 병장 한 명이 나를 취조하듯 쏘아보고 있었다. 첫 번째 관문은 관등성명의 복창이었다. 관등성명을 목이 터질 정도로 부르짖었으나 그 소리가 작다면서 그때마다 그의 주먹과 발이 내게 날려들었는데도 이미 각오한 탓이었는지 그런대로 버틸 수 있었다.

관등성명과 주소, 가족관계 등 일종의 신원파악 절차를 마치자 다음 순서가 기다리고 있었다. 지금껏 신고를 받던 병장은 맞은편 침상으로 돌아가고 침상에 걸터앉아 줄곧 인상 쓰며 지켜보고 있던 한 병장에게 그의 임무를 인계하였다.

그의 트레이드마크라 할 수 있는 각진 얼굴에 면도 후의 푸르스름한 구레나룻은 떡 벌어진 가슴팍과 함께 강인한 인상을 풍기고 있었을 뿐만 아니라 입대 전 사회에서 완력깨나 쓰는 왈패였을지도 모를 그런 이미지를 갖고 있었다. 그의 상의 계급장 옆에는 태권도 단증 소유자임을 나타내는 불끈 쥔 주먹이 새겨져 있기도 하였다.

구레나룻은 부동자세로 꼼짝하고 있지 않은 내게 다가와서는 느닷없이 명치아래 복부에 일격을 가했다. 갑작스런 기습이라 한동안 숨을 쉴 수가 없어 그대로 고꾸라지고 말았으나 구레나룻은 신고를 똑바로 하라면서 엎드려 있는 나의 등판을 향해 발뒤꿈치로 내려치는 등 공격을 멈추지 않았다. 연이은 폭력과 얼차려에 정신을 차릴 수가 없었다.

그의 눈길에서 한 치라도 벗어나지 않도록 기계처럼 움직였는데도 얼차려 동작 하나하나 마다 '동작 봐라' 하면서 이를 핑계 삼아 구레나룻의 손과 발은 잠시도 쉴 틈이 없었다. 이를 악물고 있도록 한 후에는 갑자기 무술시합이라도 하듯 무방비 상태에 있는 나를 뒤돌아 차기로 안면을 공격하여 별이 반짝인 듯한 충격을 받고 페치카 옆으로 나가떨어지기도 하였다.

한참 만에 구레나룻은 코피를 닦으라고 하면서 관물함에서 꺼낸 두루마리 화장지를 내게 던져주었다. 두루마리 화장지를 주기 전까지만 해도 코에서 피가 났는지 전혀 알 수가 없었으나 침상에는 적지 않은 피가 여기저기 묻혀있었다.

예기치 않았던 코피로 인해 반시간 가까운 아비규환의 신고식은 잠시 소강상태에 접어들어 새로운 국면으로 전환되었는데 그것은 나더러 노래 한 곡을 부르라는 것이었다. 지금의 상황에서 어떻게 노래를 부를 기분이었겠는가 마는 이 자들이 지금의 내 기분은 안중에도 두지 않으리라는 것을 모르는 바가 아니어서 상갓집 곡소리라도 내야 할 판이었다.

군대 오기 전에 동네 선배들로부터 익히 들었기에 노래 한 곡을 준비했었는데 그 당시 유행했던 송창식의 '토함산' 이라는 노래였다. 집에서는 곧잘 부르곤 하였으나 이런 상황에서 부르려고 하니 몇 소절 못가서 가사가 생각나질 않았다. 어쩔 수 없이 또 다른 나의 18번 '전선야곡' 을 불렀다.

이렇듯 힘든 신고식이었건만 신고식을 마쳤다는 안도감에 가슴이 후련하였다. 신고식이 끝난 후 막사 뒤에서 담배 한 대를 피우고 있던 나에게 나의 사수인 李 병장이 찾아와 최근 들어 가장 혹독한 신고식이었다면서 고생 많았다고 위로해 주자 나도 모르게 눈물이 핑 돌았다. 아직 온몸은 얼얼하고 화끈거렸으나 구름사이에 언뜻언뜻 내비치는 달빛은 얼음장처럼 차갑게만 느껴졌다.

오늘로써 지금까지의 힘겨웠던 여정을 마치고 드디어 대한민국의 군인으로서 소임을 수행 할 수 있는 단계에 입문하게 되었다는 점에서 앞일이야 어찌되든 간에 입대 후 처음으로 느끼는 안도감이 가슴속에 스며들었다.

연병장

수송대대로 전입오던 날, 부대진입로에서 바라본 연병장은 한 폭의 그림 같았다. 수양버들의 신록은 대대정문에서 연병장까지 150미터 구간을 터널로 만들어 놓았으며 그 터널 끝에 보인 연병장의 모습은 누런 장판을 깔아 놓은 듯 이물질 하나 보이지 않았다. 수송대대인 만큼 연병장에는 자동차의 바퀴 자국이라도 있을 법도 하였건만 공굴대로 밀어 놓은 후 흙손으로 마감처리를 해 놓은 듯 매끄러워보였다.

군대의 연병장은 학교의 운동장과 다를 바 없는데 연병장이라 해서 이렇게 깨끗하게 정비될 수 있는지 새삼 놀라지 않을 수 없었다. 연병장의 이러한 변신은 바로 사병들의 땀으로 이뤄졌다는 사실을 알게 된 것은 부대 진입 후 며칠 지나지 않아서였다.

매일 일조점호 후에는 1개 소대전원이 연병장을 빗자루로 쓸었을 뿐만 아니라 작업시간대에는 1열 횡대로 엎드려서 무언가를 줍곤 하였는데 그것은 아주 하찮은 것이었다. 연병장에는 흔히 있을법한 콩알만 한 작은 돌도 허용되지 않았을 뿐만 아니라 왕모래까지도 제거 대상이었다.

수송부대의 연병장을 관리하는 데는 일반 보병부대보다는 쉽지는 않았을 테지만 이웃 부대인 수색대대보다는 훨씬 수월한 편이었다. 장갑차를 다루는 수색대대에서 연병장을 보기 좋게 가꾼다는 것은 애당초 불가능한 일이었을 것이다. 지축이 흔들릴 듯한 굉음을 토해내며 땅바닥을 파헤치는 장갑차는 마치 황야의 무법자처럼 거칠 것이 없었으며 그 무법자가 움직일 때마다 연병장에는 처참하리만큼 깊은 상처를 남겼기 때문이었다. 비라도 오는 날이면 수색대대의 연병장은 쟁기질을 마친 무논처럼 보였으며 비가 그치고 물이 빠진 후의 모습은 그곳이 연병장이라고 상상하기조차 어려울 정도였다.

수송대대는 수송대대 나름대로 연병장을 관리하는데 애로사항이 있었다. 물론 장갑차와는 비교가 되지 않을 지라도 수송부대에 배치된 트럭들 또한 연병장을 관리하는 데 걸림돌이 되었다. 2.5톤의 트럭이 흙먼지를 날리면서 새앙 쥐 풀 방구리 드나들 듯 연병장을 들고 났기 때문이었다.

특히 오전 일과시간 전에는 타부대로 지원 나갈 10여대의 트럭이 매일 연병장에 도열하였다. 선임하사의 수신호에 따라 한 대 한 대씩 출발하면서 운행차량의 상태를 점검하였다. 선임하사가 두 손을 앞으로 내밀면서 주먹을 쥐었다 폈다 하면 운전병은 전조등을 켰다 껐다 하였고 오른 손을 들어 상하로 빠르게 움직이면 트럭이 급발진 하였으며 앞으로 주먹을 내밀면서 갑자기 멈추면 급제동을 걸었다.

급발진 후 급제동을 거는 이유는 트럭이 미끄러져가는 거리에 따라 제동장치의 이상 유무를 점검하기 위한 것이었다. 트럭이 출발한 자리에는 으레 급제동에 의해서 땅이 파헤쳐 졌고 그 때마다 사병들의 땅고르기작업은 드러난 치부를 감추기라도 하듯이 지체하는 일 없이 곧바로 시행되었다.

내가 이부대로 전입오기 한 해전 12월에 당시 야당대표였던 이○○씨가 우리 부대를 위문 차 방문하게 되었다는데 이 분이 승용차에서 내리다 말고 이렇게 깨끗한 연병장에 흠을 낼까봐 발을 내딛기가 편치 않다고 하였다는 얘기가 이 부대에서는 회자되기도 하였다.

내가 전입한 해의 12월에도 서울의 어느 교회신자들이 치약, 칫솔, 비누 등 위문품을 갖고 부대를 방문하였다. 교회신자들은 중·고등학생이 대부분이었다. 부대에서는 이들에게 뭔가를 보여주어야 하는데 마땅한 것이 없어 고민이었다. 군대에는 장갑차, 전차, 자주포 등이 당연히 있을 것으로 생각하고 왔을 텐데 우리 부대에 있는 것이라곤 군용 트럭이 전부였기 때문이었다. 그렇다고 트럭만을 보여줄 수는 없었다. 불가피하게 이웃 부대인 수색대대의 협조를 얻어 장갑차 1대를 불러서 방문객들을 태워주었는데 마치 수색대대의 위용이라도 보여주듯이 장갑차 운전병은 온 연병장을 헤집고 싸다니면서 꼴값을 떨었다. 장갑차는 애초부터 우리부대에 들어와서는 안 될 병기였다. 장갑차는 여인의 속살 같은 연병장을 무참히 짓이겨 놓고 말았다. 이 광경을 지켜보고 있는 대대장이하 모든 장병들은 그저 안타까워할 뿐이었다.

군에서 연병장을 깔끔하게 관리하는 것이 무슨 대수로운 일이겠냐고 말 할지 모른다. 나도 이 부대에 전입하면서 군의 전력을 연병장의 왕모래나 줍는데 소비하고 있다는 생각을 떨쳐버릴 수가 없었다. 군대에서 전시가 아닌 평시의 군인정신이라는 것은 주어진 역할이 아무리 사소한 것일지라도 철두철미하게 임하는 강한 정신력에서 비롯된다고 볼 때 연병장에 쏟아 부은 정성 또한 수송부대의 군인정신의 발로로 생각할 수도 있겠다 싶었다.

군부대를 방문할 경우 가장 먼저 접하게 되는 것이 연병장이라고 보면 연병장의 관리 상태를 보고 그 부대의 군기정도를 알아볼 수도 있겠다는 점에서 비록 연병장에서 싸리 빗자루 질이나 하고 왕모래를 줍는다 해도 그 나름대로의 군인정신을 함양하는 방편이 되고도 남음이었다.

대대교육계

운전병으로 배치 받은 지 며칠 되지 않아서 대대본부 행정실로부터 호출을 받았다. 막사 한 쪽 끝에 자리 잡은 대대장실 옆으로 행정과, 보급과, 운용과가 연이어 붙어있었다. 명색이 사무실이라고는 하나 블록으로 쌓아진 벽과 시멘트로부터 분리된 모래 낱알갱이가 흩어져 있는 바닥은 일정한 공간을 구성하는 가장 기본적인 역할만 유지하고 있을 뿐 도무지 사무실 같아 보이지 않았다. 다만, 몇 개의 책상과 의자가 있어 그나마 사무실으로서의 체면을 유지하고 있었다.

보병부대의 작전과와 같은 기능을 수행하는 운용과로 불려갔다. 그곳에는 함께 전입한 4명의 신병이 먼저 도착하여 하나같이 부동자세를 취하고 있었다. 운용과는 소령인 부대대장이 겸하고 있는 운영과장, 보좌관인 중위와 상사, 그리고 사병 4명이 근무하는 곳이다.

작고 마른 체격의 부대대장은 말 그대로 신경질적인 인사였다. 겉모습과는 다르게 실제 나이가 훨씬 적다는 것을 나중에 알게 되었다. 보좌관은 부대대장과는 대조적인 모습으로 큰 키에 얼굴살이 두툼해 보여 비교적 후덕한 인상을 갖고 있었고 입고 있는 군복이 퍽이나 헐렁해 보이는 상사는 직업군인답지 않게 고음의 목소리를 갖고 있었으며 이마의 굵은 주름은 군생활의 고단함을 말해주듯 하였다.

그리고 도수가 높은 안경을 쓴 병장, 작달막한 키에 다부져 보인 병장, 뼈만 앙상하게 남은 듯한 병장, 통통한 몸매에 성실해 보인 일병 등 4명의 병사가 근무하고 있었다.

우리를 보자고 한 보좌관은 종이와 볼펜을 나눠주면서 자신의 주소를 적고 국민교육헌장의 첫 구절을 적도록 하였다. 글씨를 잘 쓰는 지 알아보기 위함이었다. 글씨 잘 쓰는 병사는 행정병으로 기용되는 경우가 많았다.

필체가 좋지 않았던 나뿐만 아니라 사회에서 택시 기사나 자동차 정비사로 일하다 입대하였을 것으로 짐작되는 4명의 신병들도 글씨 쓰는 재주는 없어보였다. 우리들의 글씨를 살펴본 보좌관의 표정이 좋을 리 없었다. 그 중에서나마 내 글씨가 제일 나아보였는지 보좌관은 나만 남게 한 후 내게 행정병으로 근무해 보지 않겠느냐고 의견을 물었다. 행정병은 예초부터 주특기가 따로 정해져 행정학교에서 사전 교육을 받은 후에 보직을 받는 것임에도 운전병인 내게 행정병으로 근무하라고 하니 적잖이 당황스러웠다. 행정병으로 근무하고픈 생각이 전혀 없었기 때문에 반대 의견을 분명히 하였다.

운전병으로서의 군 생활이 녹녹하지만은 않을 지라도 이미 몸으로 체득하는 과정에 있는 만큼 밖에서 들었던 것처럼 수송대대가 겁낼 정도는 아니다 라는 사실을 알게 되었을 뿐만 아니라 운전병은 비록 사고위험이 없는 것은 아니었지만 다른 주특기에 비해 편해 보였기 때문이었다.

보좌관은 나와 동향이었다. 군대에서의 동향이라든가 동문이라는 인연은 사회에서의 그것과 달랐다. 어려운 처지에 있는 만큼 한 가닥의 인연이라도 잡아보려는 심정이 사회에서보다 더 절실하였다. 그러나 보좌관은 나의 의견을 들어주지 않았다. 한 번도 글씨 잘 쓴다는 얘기를 들어보지 못한 내가 글씨로 선택되었다니 참으로 모를 일이었다. 생각지도 못했건만 내가 선정되고 보니 고의로라도 흘려서 쓸 걸 그랬다싶어 후회가 막심하였다. 그날부터 운전병으로서의 나의 모든 상상은 깨지고 말았다.

나는 내키지 않는 행정병이 되어 대대교육계의 일을 맡게 되었다. 운전병에서 행정병으로 보직이 바뀌게 됨에 따라 그간 운전병들로 구성된 3소대 소속에서 행정병, 취사병, 군종사병 등으로 구성된 1소대로 소속을 옮기게 되었다. 이틀 전 3소대에서 치렀던 잔혹한 신고식의 상흔이 아직 가시지도 않았는데 소대가 바뀐 바람에 또 한 차례의 신고식을 치를 것을 생각하니 억장이 무너질 것만 같았다.

다행히도 이날 저녁의 신고식은 약식으로 거행되었다. 아마 3소대에서 혹독한 신고식을 마쳤다는 사실을 이미 알고 있었을 것으로 생각되었고 1소대원 대부분이 행정병들이어서 기름 묻은 운전병들과는 뭔가 다르지 않았겠느냐는 생각이 들기도 하였다.

대대교육계에서는 수송대대의 연간교육훈련계획을 수립하고 그 연간계획에 의한 주간세부교육계획을 중대본부로 시달하는 등 대대의 모든 교육훈련을 도맡아 처리하는 곳이었다. 운용과 소속 3명의 병장 중 뼈만 앙상하게 남은 이가 나의 사수였는데 사수 또한 나와 동향이었다.

교육계 외에도 정보계, 배차계가 있었는데도 사수와 함께 밤늦게까지 사무실에서 일을 해야만 했던 것은 교육계가 가장 일이 많았기 때문이었다. 교육계가 힘들고 괴롭다 해서 주위에서는 교육계를 '괴록계'라 불리기도 하였다. 그렇지만 간부들에 대한 교육측정뿐만 아니라 중대별 교육평가 등을 맡고 있었으므로 그 책임도 막중하여 그 중책에 대한 긍지를 가질 법도 하였건만 군대에서는 무엇보다 몸 편한 것이 제일이어서 어딜 가나 군대 복이 더럽게도 없는 놈이라는 것을 다시 한 번 실감할 수밖에 없었다.

부대대장

운용과에는 사무실 외에 부대대장실과 방송실 겸 서고로 쓰이는 공간이 따로 붙어 있었다. 5평 규모의 공간을 2등분하여 위 칸에는 엠프와 마이크시설이 설치된 방송실과 군사서적이 진열된 서고가 동일 공간에 위치하고 있었고 책상 하나가 대부분을 차지하고 있는 아래 칸에는 부대대장실이 있었다. 방송실이나 서고로 들어 가기위해서는 반드시 부대대장실을 거치지 않을 수 없었다.

부대대장은 바짝 마른 체격에 키가 아주 작았다. 유달리 굽 높은 군화에는 키 작음을 만회해 보려는 안쓰러움이 묻어났다. 40대 후반으로 보일정도로 겉늙어 보이는 외모로 봐서는 전혀 부대대장다운 모습을 찾아볼 수 없었으나 카랑카랑한 목소리 하나만이 간신이 부대대장으로서의 위신을 세워주고 있는 듯 보였다.

부대대장은 인상에서 풍기듯 성깔이 만만치 않아보였다. 평상시에도 어금니에 힘을 주어 말하는 투를 볼 때면 여간 깐깐해 보이지 않았다. 부대 내에서는 부대대장을 또라이로 통했다. 사병들의 하찮은 잘못에 대한 부대대장의 매질이 정도를 넘어섰다거나 아니면 자신의 기분풀이로 매질을 해댔기 때문이었다. 이 또라이로부터 행정병들뿐만 아니라 운전병들이 수시로 매를 맞았다. 또라이는 몽둥이를 들 정도로 아주 화가 난 경우를 제외하고는 망가진 실내 빗자루를 가지고 손바닥과 발바닥을 때렸다. 손바닥과 발바닥은 엉덩이나 종아리와는 달리 아무리 맞아도 상처가 나지 않았기 때문이었다. 손바닥을 때리고도 양이 차지 않으면 양말을 벗게 한 후 누운 자세에서 한발을 책상위로 올려놓게 하고서 양 발을 교대로 때렸는데 손바닥보다는 발바닥의 통증이 훨씬 오래갔다.

손바닥을 때릴 경우에는 타격 순간에 매로부터의 충격을 덜 받기위해서 손을 살짝 밑으로 내리는 잔꾀라도 부릴 수가 있었으나 책상위에 올려놓은 발은 매를 피할 수 있는 기민성이 없었기 때문에 빗자루의 처분에 따를 수밖에 없었다.

운용과에서 근무한 때부터는 잘못의 크고 작음을 떠나서 하루가 멀다 하고 매를 맞았는데 나뿐만이 아니었다. 제대를 얼마 남겨두고 있지 않는 병장들이라고 해서 봐주는 것은 아니었기 때문에 병장들은 특별히 부름이 없는 한 사무실에 나오지 않고 중대에서 실시한 교육훈련을 받든가 아니면 사역에 동원되어 작업을 하는 경우가 많았다. 이웃에 있는 보급과나 행정과의 병사들도 우리 사무실에 불려 와서 수시로 매타작을 당하였으므로 또라이 눈치 보는 일이 운용과 소관만은 아니었다.

평생 처음으로 발바닥을 맞아보았다. 발바닥도 손바닥처럼 매를 맞아도 상처가 생기지 않았으나 매 맞은 부위의 얼얼한 통증은 쉽게 가시질 않았고 그 속살이 곪은 듯 했다. 발바닥을 가격한 뒤에는 으레 하는 말이 '이 매는 몸에 좋은 약매다!' 라고 하였는데 발바닥 맞은 당사자의 고통을 조금이라도 알고나 하는 소린지 개소린지 모를 일이었다.

매로 사용된 빗자루가 곡괭이 자루와는 비교될 수는 없어도 온 힘을 실어 때렸기 때문에 비명을 지르지 않을 수 없었다. 하루 종일 매타작 거리만 찾아다닌 듯 또라이에게는 아주 하찮은 잘못에 대해서도 용서란 없었다. 매 맞고 고통스러운 모습을 즐기기라도 하듯 또라이는 매질 할 때면 항상 웃음을 얼굴에 달고 있었다. 부대를 순찰하다가 또라이에게 지적받은 병사들이 수시로 불려 와서 매타작을 대기하고 있었는데 그중에는 고참 병장들이 많았다.

어느 날엔가 운용과 행정병으로 배치된 신병이 들어왔었다. 미술을 전공한 대학생이었던 만큼 제대를 앞둔 차트사 후임의 적임자로 생각하였으나 신병이 써 보인 글씨로 봐서는 차트사는 커녕 일반 행정병으로 쓰기에도 부적합해 보였다. 성의 없는 글씨를 지켜 본 부대대장의 심기가 편할 리 없었다. 미대생이었기 때문에 기대가 컸던 만큼 실망이 컸었던 것이다. 지금의 상황을 알 리 없는 신병은 태연하기까지 하였으나 어금니를 꽉 깨물고 있는 부대대장의 표정에서 곧바로 무슨 사단이 벌어지리란 것을 예측할 수 있었다.

빗자루의 타깃이 주로 손바닥과 발바닥이었으나 부대대장실로 불려간 신병에게는 온몸이 타깃이었다. 얼마 되지 않아 신병은 초주검이 되어 부대대장실에서 기어 나왔다. 식은땀으로 얼룩진 까만 얼굴과 왜소한 체구는 경련을 일으키고 있었고 잔뜩 겁먹은 표정은 한없이 가냘파 보였다. 그 후 신병은 모든 일과에서 벗어나 방송실에서 또라이가 날마다 정해준 차트 글씨 연습분량을 전우 신문지에 채우기 위해 밤을 지새우는 경우가 많았다. 빗자루의 약발이 있었던 듯 신병의 차드솜씨는 사단 직할대에 소문이 날정도로 발전하였다. 헌병대에서 자주 차트글씨를 부탁하곤 하였으며 이따금씩 부대대장 몰래 신병한테 사례금이 주어질 때는 PX에서 빵이나 비스킷 등을 얻어먹곤 하였다.

제대 후 10여년이 지난 후 어느 공영 TV 대담프로에 출연한 또라이를 우연히 볼 수 있었다. 당시보다는 살이 쪄보였고 미소지으며 대화를 나누는 모습이 인자해 보이기까지 하였다. 전역 후 운영한 사업의 성공담을 나누고 있었다. 그 모습 두 번 다시 보고 싶지 않았었는데….

염장무

내무반 전원이 운전병인 3소대와 달리 1소대는 행정병이 대부분이었고 그 외에 취사병, 군종사병, 대대장실 당번 등 주특기가 서로 다른 병사들로 구성되어 있었다. 수송대대 전입 첫 날 밤을 1소대에서 묵은 적이 있어서 생소한 얼굴은 없었어도 소대 배치 이전에 임시로 거쳐 간 그 때와는 내 처지가 달랐기 때문에 긴장을 늦출 수는 없었지만 혹독한 신고식을 치렀던 3소대와는 분위기가 사뭇 달랐다.

1소대는 취사병 4명이 함께 포함되어 있었다. 이들은 아침 기상시간보다 1시간 먼저 일어나 이들의 일터인 취사실에 가서 저녁점호가 끝난 후에야 잠을 자기 위해 내무반에 들어왔기 때문에 이들에게는 내무반이 마치 잠만 자는 여관과 같은 곳이었다.

이들은 일조 일석점호뿐만 아니라 모든 일과에서 제외되어 잠자는 것을 빼고는 온종일 취사실에서 생활하고 있었으며 하얀 색깔의 취사복에 무릎까지 올라온 장화를 신고 일하는 모습을 볼 때면 군인의 모습과는 거리가 멀어 보이기도 하였다.

이들은 한 내무반의 소속이면서도 내무반 생활에 도움이 되지 못함을 만회라도 하듯이 저녁 점호가 끝나는 시간대쯤 안줏감을 갖고 내무반에 들어오는 경우가 다반사였다. 일석점호에서 열외로 인정받을 수 있었던 것은 어디까지나 내무반장의 배려가 있었기 때문이므로 이에 대한 감사표시는 어찌 보면 당연한 것인지도 모를 일이었다. 식당에서 생선이나 닭튀김 등을 배식할 때도 우리 내무반원에게는 좀 더 얹어주는 아량을 베풀기도 하였다.

취침 구호에 맞춰 고단한 하루의 일과를 마친 육신을 침상에 누이면 어느새 잠이 들건만 침상 한 쪽 구석에서 고참들만의 파티가 열릴 경우에는 잠들기가 쉽지 않았다. 당직사관의 눈을 피해 몰래 마시는 소주의 맛이 짜릿했을 테지만 고참병장이 아니고선 언감생심이었다. PX에서 파는 술은 막걸리가 고작이었으나 이 파티에서는 소주가 대부분이었다. 소대원 중 누구라도 면회가 있어 외박을 나가게 되면 으레 4홉들이 소주 한두 병쯤은 사들고 오는 것이 당연시 되어 왔으며 특별히 필요할 경우에는 1일 1회 사단 사령부를 왕래하는 전령에 의해서 조달되기도 하였다.

소주잔으로는 주로 반합뚜껑이 사용되었다. 반합뚜껑에 부은 소주의 양이 만만치 않았지만 당직사관 몰래 마셔야 되는 처지에서는 반합뚜껑이야말로 안성맞춤이었다. 취사병이 가져온 안줏감은 그날 석식의 재료였던 육고기로 특별 조리한 찌개가 단골 메뉴였다. 안줏거리가 여의치 못한 날에는 라면으로 대체하는 경우가 많았는데 이때에는 항상 염장무가 보조 안줏감으로서의 역할을 톡톡히 해냈다. 침상에 누워있으면서 듣게 되는 '후르륵후르륵' 라면 국물 들이키는 소리와 '아삭아삭' 염장무 씹는 소리는 통제된 본능을 자극하기에 충분하였다. 입안에 간단없이 고이는 침을 어쩔 수 없이 '꿀꺽' 삼키기라도 하면 이 소리를 옆 친구가 들을 것만 같아 조심스럽게 침을 삼킬 수밖에 없었다. 옆자리의 뒤척거림으로 보아 잠들지 못한 이가 나 혼자만은 아닌 듯싶었다. 삼시 세 때에 나오는 그 흔한 염장무였건만 한 조각이라도 맛을 보게 해 준다면 그것은 한없이 눈물겹도록 고마운 적선인 셈이었다.

내무반에는 같은 병장이라도 엄한 서열이 있었다. 내무반에서 누구에게도 간섭받지 않고 담배를 피울 수 있는 병장이 있는 반면에 그렇지 못한 병장이 있었다. 26개월 차에 달게 되는 신임병장의 경우에는 내무반에서 담배를 피울 수 없었으나 28개월부터는 이를 묵인해 주는 것이 우리 내무반에서는 일종의 관행으로 자리 잡고 있었다.

내무반에서 담배를 피울 정도가 되어야 소위 야간파티에 참석할 수 있는 자격이 비로소 주어진 셈이었다. 가끔의 경우 신임병장을 파티에 참여시키기도 하였는데 그것은 그 시간대만 베푼 한시적 은전이었다. '수많은 나날을 참아왔을 신임병장이야말로 이런 처분이 있기를 얼마나 학수고대 했었을까?' 가히 그 마음을 짐작하고도 남을 일이었다. 얼마 가지 않아 지금의 고참 병장이 누린 특전을 신임 병장이 이어받을 것이고 언젠가는 내게도 그런 기회가 올 테지만 백년하청 아니던가!

소리만 듣고도 입안에 고이는 침을 삼키는 것이 눈치 보일 지경인데 냄새까지 맡을 수밖에 없는 가까운 곳에 누워있는 누군가는 참으로 인내하기 힘든 고문을 당하고 있을 것임에 틀림없었다.

수시로 왕래하는 당직사관의 눈을 피해야 되었지만 그 날의 당직사관이 누구냐에 따라 야간파티의 마침시간이 달랐다. 소대원들과 유대관계가 좋은 장기 하사관이 그날의 당직사관일 경우에는 파티에 당직사관을 모셔놓고서 맘 놓고 마셔댔는데 그날 밤 잠 못 이루는 이는 그들만이 아니었다.

이튿날 식기에 묻혀있는 누런 기름덩어리와 관물대 아무 곳에다 쑤셔 박은 담배꽁초는 어젯밤의 파티가 퍽이나 질펀하였음을 말해주고 있었다. 이들의 뒤치다꺼리는 당연히 잠 못 드는 졸병들의 차지였지만 이에 대해 누구하나 불평하지 않았던 것은 교실의 의자처럼 언젠가는 그 자리에 앉게 되리란 것을 잘 알고 있었기 때문인 듯하였다.

흰 쌀밥

오전 9시부터 시작되는 하루일과는 중대본부의 지시에 의해 이뤄졌다. 중대원들은 사단 및 직할대대의 운송지원, 행정실 근무, 부대 사역, 교육 등으로 나눠진 임무를 맡아 수행하였다. 초소 근무자는 대개 조식 이후 중식 때까지, 중식 이후 석식 때까지 나눠 근무하였으므로 일과시간 내에는 한 번의 교대만이 있을 뿐이었다.

일과시간내의 초소근무는 대개 고참들 차지였으며 괭이질과 삽질하는 사역은 대부분 졸병들 차지였다. 중대의 모든 살림을 도맡아 처리하는 인사계는 중대의 고참 상사가 맡고 있었으므로 인사계의 말발은 중대장의 그것에 버금 갈 정도였다.

중대에서 실시하는 사역은 대개 소대별 신참 순으로 차출되었다. 차출인원에 관계없이 신참은 사역에서 벗어날 수 없었으므로 사역은 신참 몫이나 다름없었다. 만약 눈치 없이 사역차출 시 자원하지 않은 신참에게는 그에 상응한 상급자의 문책이 뒤따랐으므로 신참에게는 하루라도 막노동 일에서 벗어나기가 어려웠다. 가끔은 고참들의 배려 하에 사역에서 벗어나는 행운이 주어지기도 하였다.

사역은 주로 영내에서 이뤄졌지만 영외에서 하는 경우도 종종 있었는데 영외사역을 나가는 경우는 사역의 강도를 떠나서 기분 좋은 일이었다. 신참의 경우 부대 내 어디를 가든 만나는 자가 모두 자신보다 고참이기 때문에 손가락 하나 까닥만 해도 불려가기도 하고 잔심부름하기 일쑤였지만 일단 영외로 나가게 되면 이러한 불찰로부터 해방되기 때문이었다.

나를 포함한 신참 3명은 부대대장 사택으로 불려나갔다. 부대에서 1킬로미터 정도 떨어져있는 사택은 낮은 처마와 좁은 마당이 말해주듯 궁색스러움이 묻어났다. 사택과 이웃한 동일 모양의 가옥들이 작은 마을을 이루고 있었고 각각의 출입문은 좁은 길을 중심으로 마주보고 있었다.

부대대장의 집 마당에는 어디서 갖다놓았는지 모를 지름이 1미터 가 훨씬 넘은 고목나무 밑동이 나뒹굴고 있었다. 부대대장은 우리들로 하여금 나무의 껍질을 벗기고 거친 단면을 사포로 고르게 한 다음 양초로 윤을 내라고 하였다. 누구의 하명이라고 감히 게으름을 피웠겠는가! 어깨가 뻐근하게 사포질을 하였건만 노력한 만큼 효과가 별반 나타나지 않았다.

우리에게 일을 시켜놓고서 잠시 부대를 다녀온 부대대장은 우리들의 작업 결과를 보자마자 그의 얼굴이 일그러지기 시작하였다. 또라이의 기질이 도진 듯 무언가를 찾기 위해 갑자기 집구석을 뒤지다가 마땅한 것이 눈에 보이지 않자 마당 한 쪽의 닭장을 지탱하고 있는 긴 막대기를 빼들면서 우리들을 향해 '엎드려' 라고 소리를 질렀다. 또라이 하는 말은 자기가 없는 사이에 우리가 농땡이를 쳤다는 것이었다.

잔뜩 화난 표정의 또라이는 금방이라도 매질을 할 것처럼 보였으나 잠시 멈칫하더니 겁먹은 채 엎드려있는 우리들에게 한 번의 기회를 줄 테니 열심히 하라고 하면서 긴 막대를 제자리에 갖다 놓았다. 또라이가 무슨 연유에서 관용을 베풀었는지는 알 수 없었으나 마당에서 한바탕 소란이 일자 무슨 일인가 싶어 방 안에서 나온 부인이 이를 지켜보고 있었기 때문이었을 것이라고 짐작할 따름이었다.

부인은 부대대장의 깡마른 체격과는 달리 통통한 몸매 때문인지 게으름이 묻어나 보였고 두툼한 얼굴은 크지 않은 신장과 더불어 밉상은 떨친 모양새였을 뿐만 아니라 풋풋한 육덕은 겉늙어 보이는 부대대장보다 10여 살 정도 더 젊어 보이게 하였다. 그녀의 갈갈한 음성과 뚝뚝한 말투로 봐서 그 깐깐한 부대대장도 고분고분하지 않을 수 없었을 것이고 이로 인한 스트레스를 해소하기 위해서 망나니처럼 부대에서 매질을 하지 않았겠느냐는 생각이 들기도 하였다.

드디어 고대하던 점심시간이 되었다. 영외사역을 나갈 경우 점심시간이 되면 귀대해서 식사를 하는 것이 보통이었으나 오후에도 작업할 만한 일감이 적잖이 있었기 때문에 부대대장은 자기 집에서 식사를 하도록 하였다. 식사도 좋지만 잠시도 부대대장의 눈길에서 벗어남이 없이 오후 작업을 계속해야 한다는 것이 오히려 더 큰 부담이 되었다.

오랜만에 훈훈한 쌀밥 냄새를 맡았다. 몇 년 묵은 쌀로 지은 밥의 쾌쾌한 냄새에 익숙해 온 터라 굳이 후각의 둔함을 탓할 필요도 없었다. 어렸을 적에 어머님이 부엌에서 다 지은 밥을 그릇에 퍼 담기 위해 무쇠 솥 뚜껑을 여는 순간 하얀 김과 함께 피어올랐던 바로 그 냄새를 그 아낙이 스테인리스 냉면그릇에 담아 마당으로 내왔다.

기름진 하얀 쌀밥과 몰랑한 빨간 고추장이 우리의 시각과 미각을 자극하기에 충분하였는데도 소찬의 미안함을 대신해서 떨쳐준 몇 방울의 참기름은 마냥 호사스러웠다.

오후에는 오래되어 딱딱하게 굳어버린 닭장의 계분을 치웠다. 계분 냄새뿐만 아니라 분진들로 인하여 마스크를 착용하지 않는 상태에서의 작업은 수월치가 않았다. 오후의 일과가 힘겹긴 하였으나 모처럼의 특식에 그저 감사할 뿐이었다. 이 날의 흰 쌀밥 냄새와 참기름의 고소한 내음을 한동안 쉽게 떨쳐버릴 수가 없었다.

바나나

부대정문의 위병소는 인적·물적 자원의 출입을 통제하는 곳으로 위병소를 거치지 않고는 부대로 들어오거나 부대에서 나갈 수가 없었다. 부대의 외곽초소 중 가장 중요한 임무를 수행하는 곳이기도 하였다. 우리부대의 경우 주간에는 위병관인 하사관과 사병 한 명이 한 조가 되어 한 나절씩 근무하고 야간에는 사병 두 명이 한 조가 되어 한 시간씩 교대 근무하였다.

위병소는 그 부대의 얼굴이라 할 수 있었으므로 헌병대나 교육대처럼 키 큰 병사들이 근무하는 것이 보통이었으나 수송대대의 위병소에는 키와는 상관없이 키 작은 사병들도 근무하였고 그들처럼 빳빳이 주름 잡힌 복장을 갖추지 않아도 근무하는데 이상할 것이 없었다.

위병소 근무자는 그 부대의 첨병이라 할 수 있었다. 주간이나 야간이건 간에 사단사령부에서 부대를 방문하는 경우에는 정문을 통과하기 전에 미리 대대행정실로 상황을 전파하고 대대본부에서는 그 상황을 중대본부로 전파하곤 하였다. 탑승자의 신원파악이 안된 상태라도 우선적으로 현재의 상황을 긴급히 알려야 했기 때문에 무조건 '가스' 라고만 전파하면 상황실에서는 아무튼 긴급 상황임을 알아차리고 대비하는 관행이 이미 오래 전부터 있어 왔었다.

주말이면 사병들을 면회하기 위해서 가족들이나 여자 친구 등이 위병소를 찾는 경우가 많았다. 위병소 근무자에게는 민간인들을 만날 수 있는 유일한 기회였으므로 주말 위병소 근무는 신참들에게는 행운이나 다름없었다. 신참들의 경우에는 집 전화번호가 적힌 메모지를 전하면서 가족들에게 면회 와달라는 전화를 부탁할 수 있었고 면회객들이 조금씩 내놓은 떡이나 과일들을 맛 볼 수도 있었다.

주말에 부모나 여자 친구가 면회를 신청한 경우에는 특별히 외박이 허용되었으므로 많은 병사들이 이들의 면회를 기대하는 것은 당연하였으나 아예 기대조차 할 수 없는 입장에서는 여자 친구와 외박 나가는 이들의 뒷모습을 부러운 눈으로 그저 바라만 볼 뿐이었다.

어느 날 오후 연세가 연만한 어머니를 모시고 온 젊은 부부가 신참을 면회하기 위해 위병소를 찾아 왔었다. 신참의 형이라는 분이 내 명찰을 보고서 성씨가 같다면서 살갑게 대해 주었고 나보다 졸병인 자기의 동생을 잘 봐달라고 하면서 가져온 바나나 한 가닥을 찢어 주었다. 당시만 하더라도 바나나 수입이 제한적이어서 바나나를 구경하는 것조차도 어려운 시기였으므로 시골사람들이 비싼 바나나를 맛본다는 것은 꿈속에서나 가능한 일이었다.

남국의 태양아래 등이 휘어진 바나나는 노랗게 익어있었다. 노란 껍질 속의 달콤한 속살이 금방이라도 삐져나올 것만 같았다.

누가 볼 새라 얼른 야전잠바의 호주머니에 넣어두었다. 평생 처음으로 바나나의 맛을 볼 수 있겠다는 생각 때문인지 오후 한나절의 근무시간이 꽤나 길게 느껴졌다.

해름 녘 근무시간을 마치고 단독군장을 풀자마자 막사 뒤로 갔다. 아무래도 남이 없는 곳에서 바나나를 먹기 위해서였다. 석식시간이었던 탓에 아무도 없어 다행이었다. 바나나를 꺼내기 위해 야전잠바의 호주머니에 손을 넣은 순간 물컹한 것이 손에 닿았다. 호주머니 안에서 이미 사단이 난 이후임을 직감으로 알 수 있었다. 야전잠바의 호주머니 겉감에는 물기가 축축하게 젖어 있었고 그 안에는 삶은 고구마 뭉개지듯이 바나나가 짓이겨져 있었다.

손바닥으로 긁어모아 조심스레 꺼내보니 바나나 껍질과 과육이 완전 분리되어 반죽이 되어 있었으며 그나마 담뱃가루와 까만 솜털 같은 먼지들이 과육에 잔뜩 묻어 있었다. 담배꽁초를 함부로 버릴 수 없었기 때문에 주머니 안에는 항상 담뱃가루가 적잖이 쌓여 있었던 탓이었다.

바나나의 익는 정도가 지났는지 그 껍질은 아까 호주머니에 넣어둘 때 보았던 노란 색깔이 어느새 먹물 번지듯 까맣게 변색되어 가고 있었으나 그 향기만큼은 미각을 더 한층 자극하였다. 참으로 안타까웠다. 담뱃가루를 떼기 위해 아무리 세게 불어도 이미 과육에 묻어 있는 담뱃가루는 떼어지지 않았고 오히려 아까운 과육만 날아갈 판이었다. 그렇다고 손으로 떼자니 그 또한 마찬가지로 손에 묻어 나오는 것은 담뱃가루보다는 과육이 대부분이었다.

'이 아까운 바나나를 어떻게 버린단 말인가!' 이 망할 놈의 담뱃가루가 참으로 원망스러웠다. 마침내 담뱃가루는 식물인 잎담배가 원료인 만큼 무청을 말린 시래기를 국 끓여 먹는 것처럼 담뱃가루를 먹는다 해도 탈이 없을 것이라는 생각이 들었다. 이러한 확신이 서자마자 손바닥을 핥듯이 담뱃가루 바나나를 먹어 치웠다. 담배 냄새라도 날 뻔도 하였건만 진한 바나나 향기와 나의 강한 욕구 때문인지 매캐한 담배 냄새는 전혀 느낄 수가 없었다.

세상에 이처럼 맛있는 과일이 있었다는 사실이 놀라웠다. 여느 과일처럼 껍질 벗기기가 어려운 것도 아니고 그렇다고 씨가 있는 것도 아니면서 이국적인 달콤함 또한 혀를 마취시킨 듯 하였으니….

개울가 방뇨

06:00 정각, 하루의 시작을 알리는 기상나팔 소리는 오늘도 변함없이 이른 아침의 정적을 깨고 그 소임을 다하듯 우렁차게 울려 퍼졌다. 병영 안의 모든 사병들은 늘 그래왔던 것처럼 10분 전에 기상하여 침구정리를 마치고 아침점호를 받기위해 연병장으로 뛰어 나갔다.

중대원들 대부분은 연병장 가장자리에 흐르고 있는 개울가로 황급히 달려가 횡렬로 서서 무거운 짐을 내려놓듯 밤새 가득 찬 방광을 비우곤 하였다. 이 조그만 도랑은 장마철 처마에서 떨어지는 지시랑물처럼 금방 하얀 물거품으로 뒤덮였으며 물과 물이 부딪히는 그 소리 또한 젊음의 발산답게 멀리서 들리는 장갑차 엔신소리처럼 우렁찼다.

부대 담장 밖에는 농지정리가 된 논들이 부대 정문에서부터 부대와 경계를 이루고 있고 건너편 지방도와도 어깨를 나란히 견주며 길게 조성되어 있었다. 부대 창설이전부터 있었던 것으로 보이는 이 개울은 농수로 역할을 겸하면서 부대 안으로 흘러들어와 연병장 가장자리를 거쳐 반대쪽 끄트머리쯤에서 다시 담장 밖으로 흐르고 있었다.

농부의 손길이 바빠지는 모내기철에는 물길을 막아 개울의 수량이 밑바닥을 간신히 적실 때도 있었고 폭우라도 내릴 때에는 멱을 감을 수도 있을 정도로 개울물이 넘쳐흐르곤 하였다. 항시 긴장감 속에 생활하는 병영 내에 저렇듯 유유히 흐르는 개울이 있다는 것이 좋았다.

개울가로 나와 소변을 보는 것은 매일 기상 시마다 있는 일이기는 하였으나 결코 용납될 수 있는 모습은 아니었다. 엄연히 화장실이 있는데도 불구하고 급한 나머지 개울에 방뇨를 한다는 것은 군인답지 못한 추한 모습이기도 하였다. 중대원 대부분이 막사 뒤쪽에 위치한 화장실로 가지 않고 기상과 동시에 이곳 개울가로 나와 용변을 보는 것은 아침점호 장소인 연병장과 가까웠을 뿐만 아니라 재래식 화장실의 쾌쾌한 악취를 이른 아침부터 맡지 않아도 되기 때문이었다.

물론 대부분의 간부들이 이를 묵인하여 주었기 때문에 이러한 모습들이 오래전부터 관행화되어 늘 하루의 시작이 되곤 하였으나 이따금씩 예기치 않게 당직사관에게 기합을 받게 되는 빌미를 제공하는 원인이 되기도 하였다.

밤사이 불미스런 일로 당직사관의 심기를 불편하게 한 경우에는 으레 우리들에게 반대급부가 돌아왔다. 사열대에서 방뇨실태를 지켜보고 있던 당직사관은 마치 범죄의 현장을 포착이라도 한 듯 날카로운 호루라기 소리에 이어 지엄한 명령을 내렸다.

"전원 동작 그만!"

"위치로!"

조금이라도 더 배설하는 것이 그만큼 단수조치가 수월하였을 것이므로 오줌발에 힘을 가하기도 하였고 아직 배설작업에 착수하지 못한 경우에는 방광을 가득 채운 채로 점호대열에 합류해야만 하는 고통이 뒤따르기도 하였다.

단수조치가 쉽지 않았다. 그것이 마치 수도꼭지 잠그듯 금방 단수 조치를 할 수 있는 일이 아니지 않는가! 그렇다고 명령을 어길 수도 없는 일이었다. 한 방울이라도 더 배설하고자하는 생리적 욕구를 자제하기도 어려웠다. 배설을 많이 할수록 단수조치를 하는데 그만큼 그 고통이 덜했으며 이를 인내하는데도 훨씬 수월한 탓이었다.

방광을 비우지 못한 상태에서 아침구보라도 할 경우에는 당직사관이 보건말건 방광의 통증을 해소하기 위하여 불가피하게 대열에서 이탈하지 않을 수가 없었으나 당직사관이 이를 문책하는 경우는 없었다.

중대원들이 이 개울가를 화장실 용도로 쓰기 위해서는 이 개울에 흐르는 수량이 절대적이었음에도 가뭄이 들거나 겨울철에 개울물이 말라 바닥을 보일 때에도 이곳의 방뇨는 지속되었던 탓에 희뿌연 염전에서 발산하는 지린내를 큰비가 오기 전까지는 맡을 수밖에 없었다.

이 개울은 온갖 수모를 감내하면서도 아무렇지도 않은 듯이 부대 영내 가장자리를 200미터 쯤 흐르다 서쪽 끝 부분에서 다시 담장 밖으로 흘러갔다. 개울이 담장 밖으로 탈출하려는 지점에 구내식당이 있었다. 수량이 풍부할 때에는 식사 후 항상 이곳에서 식기를 세척하곤 하였고 토요일 오후나 일요일에는 세탁하는 병사들이 즐비하게 있었는데 아무튼 이 개울은 우리들에게 여러 면에서 편의를 제공해 주는 아주 고마운 존재였다.

창남(娼男)

해발 200미터 안팎의 나지막한 야산기슭에 자리 잡은 부대의 모든 외곽 경계에는 철조망이 설치되어 있었다. 산은 한 몸이지만 한 쪽의 산은 '접근 시 발포 함' 이라는 문구가 적힌 표찰이 철조망에 매달려 있어 뭇사람들이 함부로 출입할 수 없는 통제된 지역이었다.

출입의 통제를 확실히 하기 위해서 철조망을 따라 군데군데 초소가 있었고 비가 오나 눈이 오나 달이 바뀌고 해가 바뀌어도 그곳에는 영원한 초병이 있었다. 철조망 너머로 고개를 숙여야 내려다보이는 반대편은 급경사면을 이루면서 평야와 만나는 산 끝자락이 좁고도 길게 펼쳐져 있었고 어느 한 곳의 둔덕을 의지 삼아 자리 잡은 농가 한 채만이 신작로와 인접해 있었다. 신작로를 따라 줄곧 가다보면 사단 사격장이 버티고 있었다.

군 트럭을 타고 사격장을 오가면서 들여다 볼 때마다 그 농가의 출입문은 굳게 닫혀 있었고 집안 구석구석이 깨끗이 정리되어 있었다. 일반 농가에서 흔히 볼 수 있는 너절함이나 어수선함은 찾아 볼 수 없었다. 그 농가에 누가 사는지, 무슨 일을 하는 사람인지 궁금할 따름이었으나 부대원 거의가 그 집에 어떤 사람이 사는지를 다 알고 있었으므로 그 궁금증은 우리와 같은 부대전입 신참들만의 것이라 할 수 있었다.

그 집에는 색시로 불리는 여러 명의 젊은 여자들이 살고 있었다. 이들의 영업시간이 야간이었기 때문에 낮에는 그토록 조용할 수밖에 없었다. 그녀들의 주 고객은 인근 부대의 장교들과 장기하사관 등 직업군인들이었겠지만 사병들이라고 해서 출입을 금지하지는 않았었을 것이다.

사병들은 직업군인들처럼 외출이나 외박을 자유롭게 할 수 있는 처지가 못 되었지만 그렇다고 해서 불가능한 일도 아니었다. 영창 갈 각오를 하지 않고서는 시도하기 어려운 방법이긴 하였으나 부대 외곽에 설치된 철조망을 넘어 갈 수도 있었기 때문이었다.

철통같은 초소의 경계가 허술할 리 없었으므로 고참이 아니고선 근접조차 불가능한 일이었기에 초병의 의도적인 방심은 사전에 약조된 셈이라 할 수 있었다. 산마루 초소에서 농가로 가는 길이 따로 있을 리 없었다. 농가까지는 가파른 급경사였으므로 그 누구도 이곳에 젊음을 발산하러가는 루트가 있을 것이라고는 짐작도 할 수 없었는데 그 다음 날에는 으레 무용담이 고참들 사이에서 흘러나왔으며 그 무용담의 주인공들은 내무반원으로부터 부러움을 사기도 하였다.

어느 날 오전, 평소 같았으면 점령군처럼 의기양양해야 할 간밤의 주인공들이 어찌된 일인지 실오라기 하나 걸치지 않는 벌거숭이로 변해 있었다. 예닐곱 명의 벌거숭이들이 연병장에서 구보를 하고 있었고 이들의 남성 끝에는 붉게 칠해져있었기 때문에 멀리서도 그 한 부분만이 유독 눈에 띄었다. 그들의 등 뒤에 쓰인 '창남' 이라는 붉은 글씨는 이들이 간밤에 무슨 짓을 했는지 짐작하고도 남을 일이었다. 이들의 선두가 '창' 하면 후미에선 '남' 이라고 낮게 소리 내고 있었다. 그 구호에 발 맞춰 뛰고 있었으나 아주 천천히 그리고 좁은 보폭으로 뛸 수밖에 없는 상황이었으므로 힘들어 보이지는 않아보였다. 늦가을의 쌀쌀한 날씨였음에도 이들의 어깨에서 하얀 김이 피어오르고 있었던 것으로 보아 이른 아침부터 구보가 시작되었음을 짐작할 수가 있었다.

이들은 제대를 1주일 정도 남겨놓은 수송중대소속 갈참(제대를 며칠 남겨놓은 고참)들이었다. 그동안 소대원들에게 보여 온 고참으로서의 권위나 채신머리는 처참하게 내팽개쳐지고 있었다. 제대말년에 이 무슨 참담하고 망측스런 일인가! 부대 모든 장병들의 웃음거리로 전락되고 말았으니 그 수모를 말로 형언할 수 없게 되어버렸다. 군인이기 전에 한 인간으로서 갖고 있어야 할 최소한의 수치심마저 짓밟힘으로써 자기 자신에 대한 모멸감에 몸서리칠 일이었다

이들 갈참들은 군대에서의 마지막 회포를 풀기위해 지난밤에 산마루 초소를 넘어 농가에 갔다가 그만 부대의 당직사령한테 적발되고 말았던 것이다. 불시에 이뤄진 야간 인원점검에 이들이 보이지 않게 되자 갈 데라곤 한 곳이라고 짐작하고 루트가 있는 초소에서 색시의 분내도 떨쳐버리지 못한 채 철조망을 통과하기 위해 포복자세로 기어 올라오고 있는 이들을 하나하나 검거하였던

것이다.

다음 날 이 사실을 보고 받은 또라이 부대대장은 고약스런 장난기가 발동되어 이들을 발가벗게 한 후 자신이 직접 이들의 신체에다 붉은 물감을 칠하고서 연병장을 뛰도록 하였던 것이다. 다른 지휘관 같았으면 제대도 얼마 남지 않았으므로 이들의 행위에 대해서 모르는 척 눈감아 주었을 것임에도 이 또라이에게 그러한 관용을 기대하는 것은 모래에서 싹트기를 기대하는 것과 같았다.

한 나절동안의 스트립쇼를 마치고도 결국 이들은 헌병대 영창에서 1주일을 보내게 되었을 뿐만 아니라 1주일간 제대도 미뤄졌다. 이들은 평생 동안 잊을 수 없는 말 못할 씁쓸한 사연 하나를 가슴속 깊은 곳에 각인시켜 놓은 채 살아갈 것이었다.

죄와 벌

- 산판에서의 줄행랑

입대 후 처음 맞는 가을의 정취를 모처럼 느낄 수 있는 기회를 갖게 되었다. 대대의 운용과장을 겸임하고 있는 부대대장의 호출에 따라 부대대장과 함께 동승한 2호 지프차는 부대 인근의 산판을 향해 가고 있었고 십여 명의 병사를 실은 2.5톤의 군용트럭이 그 뒤를 따랐다.

가을걷이를 마친 들판의 희미한 안개는 아침햇살에 흡수되듯 서서히 증발하고 있었고 들판과 경계선을 그은 야산의 숲들은 파란 가을 하늘을 시샘이라도 하듯 군데군데 황금색의 낙엽송을 드러내 놓고 있었다.

산의 척추라고 할 수 있는 산등성이가 높을수록 더 깊은 골짜기를 생성하면서 마치 참꼬막의 부챗살마루처럼 첩첩한 산의 끝자락을 감도는 비포장도로는 들판과 만나는 각각의 산등성이를 이어주듯 에스자의 선형을 끝없이 그려내는 어느 한 지점에서 숲속으로 그 자취를 감추고 있었다.

숲속의 길은 산판의 임목을 운송하기 위하여 개설한 임도였던 탓에 급경사를 이루고 있었다. 임도를 오르내릴 때에는 높은 파도에 배가 휩쓸리듯 자동차가 심하게 기우뚱거렸다.

지프차가 멈춘 곳은 산판이었다. 그 곳은 산중인데도 민가가 한 채 있었고 민가에서 조금 떨어진 곳에는 많은 산림이 벌채되어 있었으며 이십여 명의 인부들이 작업 중이었다. 군용 지프차와 2.5톤의 군용트럭이 산판에 갑자기 당도하자 산판의 책임자가 의아스런 표정으로 부대대장에게 다가왔다. 부대대장은 부대에서 사용할 원목을 무상으로 얻을 수 없겠냐며 산판의 책임자에게 협조를 구하였다.

부대대장이 책임자와 얘기를 나누는 동안 트럭의 병사들이 갈증을 풀기위해 민가 바로 옆에 있는 우물로 우르르 몰려갔다. 나도 그 대열의 후미에 서서 순서를 기다리고 있었다. 두레박으로 길러서 물을 마셔야 했기 때문에 물 마시는 속도가 더딜 수밖에 없었다. 고작 고참 두세 명 남짓이 물을 마셨을 뿐인데 느닷없는 부대대장의 호통소리가 들려왔다.

민가의 토방을 향해서 전원 엎드리라는 것이었고 그 이유는 자기의 허락도 없이 차에서 내려 물을 마셨다는 것이다. 부대대장의 안색으로 보아 산판의 책임자로부터 협조를 얻지 못한 듯싶었다.

한순간에 분위기가 살벌해졌다. 부대대장은 여기저기 널려있는 것 중 실박한 나뭇가지 하나를 치켜들고 산판의 책임자와 인부들이 지켜보고 있는 가운데 씩씩거리면서 한 사람씩 엉덩이를 두들겨 패기 시작하였다. 또라이 기질이 도졌던 것이다.

부대대장의 이러한 돌변은 자신의 의견을 들어주지 않은 산판의 책임자에 대한 일종의 시위이면서 항의의 의사표시로 짐작되었다.

나는 운용과 소속으로서 운용과장인 부대대장과 한 지프차에 동승하여 왔으므로 부대대장이 병사들에게 엎드리라고 명령했을 때 슬며시 뒤로 빠져도 되었을 텐데 그렇지 못한 것이 후회막심이었다. 부대대장이 지금의 상황에서 나라고 빼줄리 없었기 때문이었다.

그 실박한 몽둥이로 다섯 대를 맞은 첫 번째의 병사가 나뒹굴어졌고 이어 두 번째 병사에게 광기어린 매타작을 하던 중 한순간 광란의 춤을 멈추었다. 그 이유는 나뭇가지의 거친 손잡이 부분에 부대대장의 손가락이 찢겨 피가 났기 때문이었다.

부대대장이 손가락에서 흐르는 피를 멎게 하기위해 잠시 민가의 주인장에게 도움을 청하러 가는 틈을 타 후미에 엎드려 있는 누군가가 민가 뒤꼍을 통해 산속으로 재빨리 줄행랑을 쳤다. 그 뒤를 이어 나를 포함한 서너 명이 산속으로 숨어들었다.

도망친 자가 한두 명이었으면 그냥 지나쳤을 지도 모를 일이었는데 매타작을 기다리는 병사들 중 절반 가까이가 도망을 쳤으니 부대대장이 이를 모를 리 없었다. 그렇잖아도 속이 상할 대로 상해있었는데 병사들이 줄행랑을 쳤으니 화가 머리끝까지 올라 있었을 것이고 더욱이 산판의 책임자와 인부들이 보고 있었으니 부대대장의 체면은 말이 아니었을 것으로 짐작되었다.

민가로부터 불과 50미터 안팎의 은신처에서 간신히 몸만을 숨긴 채 헐떡거리고 있는데 부대대장이 큰 소리로 으름장을 놓고 있었다.

"열을 셀 동안 나와라"

"나오지 않으면 탈영 처리 하겠다"

그 목소리에는 굳은 결기가 배어있었다. 그러자 탈영 처리되어 군사재판에 회부되느니 몽둥이를 맞는 것이 낫다고 판단한 서너 명이 숲속에서 나와 내려가는 모습이 보였다. 이들이 내려갔으니 한 사람 정도는 무리에서 이탈했더라도 알 수 없을 테고 혹 알게 되더라도 그 한 명이 나인 줄 알면 그냥 넘어가겠지 하고 안도하는 것도 잠시였다. 부대대장은 총 숫자를 알고 있는 듯 아직도 한 명이 부족하다고 하면서 빨리 산에서 내려오라고 소리를 질러대고 있었다.

잡풀 속에 숨어있던 나는 부대대장의 성깔로 봐서 지금 내려가면 뼈도 못 추릴 정도로 매질을 당할 것이 뻔했으므로 끝까지 버틸 수밖에 없었다. 부대대장은 그 한 명이 나란 사실을 알고서도 분노를 누그러뜨리지 않은 채 내 이름을 부르면서 나오지 않으면 영창에 보내겠다고 엄포를 놓기도 하고 제발 나와 달라며 사정하기도 하였으나 끝내 내려오지 않자 나중에는 병사 전원을 풀어 나를 찾도록 하였다.

나머지 한 사람이 나란 사실을 부대대장이 알았다면 모른 척하며 넘어갈 수 있으련만 상황은 그렇게 돌아가고 있지 않았다. 처음에 내려가지 않았던 것이 더욱 화를 키우게 된 셈이었다. 내가 숨어 있는 곳은 산비탈이면서 움푹 파인 곳인데 잡풀과 잡목이 덮여있어 은신처로서는 안성맞춤이었다. 바로 지척지간에서 한 고참 병사가 잔뜩 웅크리고 있는 나를 주시하듯 하였으나 곧 방향을 돌려 다른 곳으로 가버렸다.

나는 순간적으로 모든 것을 포기하고 나갈 참이었는데 내가 숨어 있는 곳이 어두워서 밖에서는 볼 수 없었던 모양이었다. 한참 동안을 찾았으나 나를 발견하지 못하자 직접 부대대장이 숲속으로 들어와 내 이름을 부르면서 모든 것을 용서해줄 테니 나와 달라고 간절히 호소하듯 하였다. 그 목소리가 몽둥이를 들고 설칠 때와는 너무나 대조적이었다.

혹시 내가 탈영이라도 한다면 앞으로의 군대생활에 오점을 남기게 되기 때문인지 울먹인 듯한 목소리로 애원하고 있었다. 그래도 아무런 기척이 없자 모든 것을 없었던 일로 할 테니 꼭 부대로 데리고 오라는 말을 고참 병사들에게 남기고 먼저 현장을 떠났다.

부대대장이 현장을 떠난 사실을 알고 있었으나 다시 되돌아오지나 않을까 염려돼서 잠시 동안 바깥 동정을 귀 기울이고 있었는데 곧 이어 현장의 병사들이 내 이름을 부르면서 나를 찾기 시작하였다. 은신처는 현장과 불과 50여 미터 정도 밖에 떨어져있지 않았기 때문에 모든 상황을 알 수 있었다.

병사들이 예상하지 않은 가까운 곳에서 내가 불쑥 나타나자 놀라기도 하면서 환호하듯 반겨주었다. 나로 인해 부대대장의 혹독한 매질로부터 벗어날 수 있었을 뿐만 아니라 부대대장의 풀죽은 모습을 볼 수 있었기 때문이었다.

그 때까지 지켜보고 있던 산판의 책임자가 우리를 동정이라도 하듯 원목 십여 개를 차에 실어 주었다. 고참들이 앞으로 닥칠 시련을 알기라도 하듯 내게 위로를 해주었으나 귀대 후의 걱정이 태산 같았다.

이미 엎질러진 물이 아닌가! 이 국면에서 빠져나갈 수 있는 묘안이 딱히 있을 리 없었던 만큼 모든 것을 포기하고 이 한 몸을 부대대장에게 맡길 참이었다.

- 전봇대와의 한나절

늦가을의 햇살이 제법 기승을 부렸을 한낮이었건만 어느새 훌쩍 지나간 듯한 느낌이었다. 나지막한 언덕을 등지고 따스한 햇살을 받으며 부대를 나설 때 챙겨온 점심을 먹었다. 식사 시간동안 내내 산판에서의 사건이 화제였다.

화제의 중심은 단연코 부대대장과 나에 관한 얘기였는데 그들은 그렇게 양양하던 부대대장이 내가 탈영이라도 할까봐 울먹인 목소리로 나를 부르던 부대대장의 모습을 성대모사하면서 파안대소하기도 하였다. 부대에 들어가면 내게 어떤 일이 닥칠지 구체적으로 알 수는 없었어도 부대대장의 평소 성품으로 보아 그냥 넘길 상황이 아님을 뻔히 알고 있던 터라 이들과 덩달아서 웃을 수 있는 기분이 아니었다.

산판으로 향하던 때의 감흥을 수심으로 대체하고 죄인이 압송당하듯 가는 길이었으니 산천의 풍광이 마냥 어지러울 뿐이었고 비포장도로의 뿌연 흙먼지는 죄를 추궁이라도 하듯 자동차의 후미를 끊임없이 쫓아오고 있었다.

부대로 돌아온 후 곧바로 운용과로 갔다. 산판에서의 사건을 이미 알고 있는 듯 사무실의 선임 고참들이 손짓으로 부대대장실로 얼른 들어가라고 하였다. 부대대장은 위병소의 보고를 통해 이미 우리의 도착을 알았을 것이기에 그동안 나로 인하여 졸였던 맘을 어느 정도는 놓였을 것이지만 두 입술을 입 안쪽으로 말아 넣은 채 입 부위를 잔뜩 부풀려 놓은 그 모양새로 보아 어떻게든 나에게 매운 맛을 보여주어야겠다는 다짐을 하고 있는 듯 보였다.

부대대장은 내게 헌병대 영창에 보내겠다고 으름장을 놓으면서도 어이없어하는 그의 표정으로 보아 영창은 보내지 않으리라는 것을 짐작할 수 있었다. 부대대장은 내게 영창을 가든지 발바닥을 맞든지 둘 중 하나를 선택하라고 하였다. 당연히 매를 맞겠다고 하였다. 이미 몸을 부대대장에게 맡길 각오가 되어있는 마당에 영창 가는 것 빼고는 두려울 것이 없었다.

부대대장이 점퍼를 벗고 자신의 분신이나 다름없는 실내 빗자루를 집어 듦과 동시에 나는 숙달된 자세로 얼른 양말을 벗고 바닥에 누운 채로 한 쪽 발을 부대대장의 책상 위 정면에 올려놓았다. 어차피 맞을 매라면 한시라도 빨리 맞아서 짓눌린 죄의식에서 헤어나고 싶었기 때문에 꾸물거릴 이유가 없었다.

산판에서 당한 수모를 앙갚음이라도 하듯 빗자루는 용을 쓰고 있었다. 심한 고통으로 몇 번이고 책상 위의 발을 내려놓곤 하여 부대대장의 분풀이에 흥을 깨기도 하였으나 양발바닥에 각각 20대를 맞았다. 한쪽 발바닥을 맞으나 양쪽 발바닥을 동시에 맞으나 느끼는 그 통증은 별반 차이가 없었을 것이므로 손바닥을 동시에 20대를 맞는 것에 비하면 어쩌면 발바닥 40대를 맞은 셈이었다. 발바닥 맞은 것이 오늘만이 아니어서 면역이 생겼을 법도 하건만

한 대 한 대 맞을 때마다 심한 전율에 몸서리를 쳤다. 매 맞는 발바닥과는 무관해 보인 이마에도 땀이 몽실몽실 맺혀 있었다.

얼얼한 통증은 손바닥보다 훨씬 오래 갔다. 발바닥의 굳은살을 피해 가운데 움푹 들어간 곳인 용천혈을 공략했기 때문이었다. 발바닥은 아무리 맞아도 상처가 나지 않아 구타의 흔적이 전혀 남지 않았기 때문에 우리 몸에서 발바닥 보다 좋은 맷감부위는 없었다.

부대대장은 아직도 분이 풀리지 않았는지 아니면 천부의 심술이 도졌는지 모든 사병들에게 창피를 주어야 한다면서 사무실의 고참병들에게 사무실 막사에서 50여 미터 떨어진 곳에 위치한 전봇대에 나를 묶어놓도록 하였다. 고참들이 우리 운용과의 체면을 봐서라도 이번만큼은 용서해 달라고 몇 번이고 간청하였으나 받아들여지지가 않았다.

전봇대를 짊어지듯이 등에 대고 전봇대 뒤로 내민 양손을 새끼줄로 묶어 놓았다. 전봇대가 위치한 곳이 중대막사에서 주차장과 정비소 가는 길목에 있었으므로 병사들의 왕래가 빈번하였다. 그곳을 지나는 모든 병사들이 나의 해괴한 모습에 웃지 않은 자가 없었다. 뭇시선에 아랑곳 하지 않으려고 묻는 말에 애써 미소를 지어보이기도 하였고 태연한 척 먼 산을 바라보기도 하였건만 그렇다고 이 난감함을 모면할 수는 없었다.

죄를 지었으니 벌을 받은 것이 당연함에도 왠지 모를 서글픔이 몰려들었다. 모든 창피를 둘러쓴 채 이 날의 늦은 오후를 서럽게 보내고 있었다.

닭갈비

운용과에는 과장을 보좌하는 중위계급의 보좌관이 있었다. 내가 운용과에서 근무를 시작할 당시에 있었던 보좌관이 얼마 되지 않아 대위로 승진한 후 중대장으로 옮겨갔고 그 자리엔 수송중대 소대장이었던 중위가 새로 부임해 왔었다. 이전 보좌관은 직업군인이었으나 새로 부임한 보좌관은 직업군인이 아니란 점에서 일반 사병들과 같았다. 이 보좌관은 빼빼한 체격에 온화한 성품을 갖고 있었다. 서울의 명문대학 출신이라는 사실 외에도 도수 높은 안경을 쓴 모습은 학자타입의 이미지를 갖게 했다.

직업군인이 아닌 만큼 우리들 병사들과도 격의 없이 대해주었다. 월급날이 되면 운용과에 근무하는 병사들에게 소주를 사주기도 하였다. 보좌관의 월급은 직업군인이 아니었으므로 많지 않았을 텐데도 우리들에게 사비를 털어 술을 사주었으니 고맙기 그지없었다. 보좌관이 사준 소주도 그러려니와 이에 못지않게 기분 좋았던 것은 고달픈 저녁점호를 받지 않고 열외로 인정받을 수 있었다는 것이다.

보좌관과 운용과 병사 다섯 명이 함께 간 음식점은 부대 정문에서 도보로 10분 거리에 있었다. 연탄 화덕이 가운데 설치된 둥

근 탁자 세 개가 겨우 놓일 정도의 작은 공간의 음식점이었다. 이 음식점의 유일한 메뉴는 닭갈비였다. 닭갈비라고 하면 나관중이 지은 삼국지연의에서 조조가 말한 바 있는 '먹으려 해도 먹을 만한 것이 못 되고 그렇다고 버리기도 아깝다'는 계륵(鷄肋)이라고 하여 돈 주고 사먹을 만한 것이 못된 부위인데도 하필이면 왜 닭갈비를 파는지 궁금하였다. 그러나 불판 위에 내놓은 것은 닭의 갈비만이 아니라 세로로 이등분된 닭 한 마리 전체였다. 왜 출입문 유리창과 실내 벽에 닭갈비라고 적어 놓았는지 또한 이해가 되지 않았다.

물에 희석된 핏기가 은박지 위로 흘러내려 화덕에 닿을 때마다 생성된 포말은 그 즉시 하얀 수증기로 증발하곤 하였다. 초겨울 저녁의 추위를 화덕의 온기로 녹여 내려는 듯 일행 모두는 탁자에 바짝 붙어 앉아 닭 굽는 냄새를 맡으면서 어서 빨리 고기 익기만을 기다리고 있었다. 어느덧 고기가 지글지글 익혀지면 주인 아줌마의 능숙한 가위솜씨를 발휘하여 먹기 좋을만한 크기로 고기를 잘라 놓았다. 고기 자르는 가위를 보고 가위의 용도가 다양하다는 생각이 들기도 하였다.

닭고기에 왕소금을 살짝 찍어 간을 맞추고서 이를 안주 삼아 곁들인 소주 한 잔의 맛은 이제까지 경험해 보지 못한 맛이었다. 씁쓰름한 소주의 뒷맛이 입안에 스며듦과 동시에 씹히는 꼬들꼬들한 닭고기 한 점의 맛이 그저 황홀할 따름이었다. 누릇하게 익힌 닭 껍질의 씹히는 맛이 더욱 좋았다. 한 달에 한 번 정도 갖는 내무반 회식에서는 PX에서 사온 막걸리와 과자부스러기가 대부분이었고 더러는 저녁배식 후 남은 고기국물이 고작이었으니 이처럼 불기운이 스며든 구운 고기를 맛보는 것은 입대 후 처음이었다. 젓가락질 몇 번으로 닭 한 마리는 금방 자취를 감추었고 그때마다 보좌관의 눈치를 보지 않을 수 없었다.

닭고기를 연탄불에 구워먹는 것은 처음이었다. 돼지고기나 쇠고기와는 달리 한 점의 닭고기는 대부분의 살이 뼈에 붙어있어 살을 발라 먹는 것이 궁색하긴 하였어도 소주 안줏감으로는 부족함이 없었다. 그것은 왕소금의 짭조름한 맛이 입안에서 쉽게 가시지 않았기 때문이었다.

닭고기 안주를 곁들인 소주 서너 잔은 빈속이어서 인지 자리 잡은 지 얼마 되지 않았는데도 술기운이 온 몸에 쫙 퍼진 듯 금방 나른해 졌다. 술을 잘하지 못한 보좌관은 홍당무처럼 붉은 얼굴로 우리들에게 술잔을 자주 권했다.

대대의 당직사령과 중대의 당직사관한테 오늘의 회식을 사전에 신고하고 나온 마당에 이왕이면 군부대 밖에서 단 한시라도 더 오래 머무르고 싶은 마음이었으므로 보좌관이 권하는 술잔을 굳이 마다할리 없었다. 오늘의 회식이 아무리 일찍 끝내더라도 아무튼 저녁 점호시간 만큼은 반드시 지내고 볼 일이었다.

술을 잘하지 못한 이는 보좌관만이 아니었다. 제대특명을 받아놓은 고참 병장 한사람도 술을 이기지 못한 체질이었으나 얼마 남지 않은 군 생활에 대한 아쉬움을 달래기라도 하듯 주는 잔 마다하지 않아 술자리를 끝내고 부대로 돌아가던 중에 부대입구의 논두렁에다 토하고 말았다.

대대상황실의 당직사령과 중대본부의 당직사관에게 고참병장이 비틀거리며 혀 꼬부라진 소리로 귀대신고를 하였는데도 당직사령과 당직사관은 아랑곳 않고 받아주었다. 이날의 회식이 보좌관과 함께하였을 뿐 아니라 부대 내 장교들과 하사관들이 날마다 마주치는 운용과의 병사들과는 낯가림할 형편이 아닌 탓도 있었을 것이다.

내무반은 이미 저녁점호를 마친 후 등화관제하의 취침시간이었으므로 누구의 간섭도 받지 않고 조용히 침상에 이 한 몸을 누일 수 있었다. '백날이 이날만 같으면 오죽 좋으련만!'

제설 작업

기상과 동시에 제설작업에 나서야 했다. 지상의 모든 것들을 감추려는 듯 캄캄한 어둠을 틈타 내리던 눈발이 밤을 지키고 있던 외등불빛에 들키기라도 하듯 불빛에 닿은 순간 어지럽게 흩날리고 있었다. 동녘하늘의 여명도 있을 법 하건만 아직 주위는 어둑어둑하였다.

간밤에 내린 눈은 발목이 잠기고 장딴지 중간부위까지 차오를 정도로 수북이 쌓여있었다. 아직도 눈 내리는 기세로 보아 금방 멈출 것 같지는 않아 보였다. 이렇게 많은 눈을 본적이 없었다. 입대 후 제설작업을 할 만큼 눈이 내린 적은 이번이 처음이었다. 첫눈에 대한 설렘이 누군들 어찌 없겠는가마는 눈 본연의 색깔마저도 아직 분간이 안 되는 이른 아침부터 넉가래와 모삽을 들어야만 하는 우리들의 처지에서 첫눈에 대한 감상은 그저 호사스러울 뿐이었다.

아침 점호를 취할 수 없는 상황이었으므로 당직사령은 우선 사람들이 다닐 수 있는 길이라도 트도록 하였다. 적설량이 말해주듯 제설작업은 생각 외로 힘들었다. 어느덧 이마에 땀이 송골송골 맺히고 얼굴이 빨갛게 달아오른 한참 후에야 아침 식사를 하게 되었다.

이날의 하루일과는 제설작업이었다. 군대에서 연병장의 제설작업은 당연한 일이었으나 연병장 관리에 어느 부대보다 더 신경을 쓰고 있는 입장에서 눈 쌓인 연병장을 그대로 방치한다는 것은 있을 수 없는 일이었다. 아침까지 내리던 눈은 멈췄으나 이토록 많은 눈을 연병장에서 완전히 제거하려면 오늘 하루를 힘들게 보내게 되리라는 것을 짐작할 수 있었다.

대대전원이 연병장에 집결한 뒤에 연병장을 중대별로 나누고 소대별로 할당하였다. 부대에서의 제설작업은 이번이 처음이었지만 해마다 이맘때쯤 내리는 눈이었을 것이므로 제설작업요령을 잘 알고 있는 고참들의 작업지시에 따라 움직일 뿐이었다. 각자 넉가래와 모삽으로 눈을 밀어서 한 편에다 쌓아올려 놓아야 했는데 한 번 밀어놓은 눈을 다시 밀쳐내기가 쉽지 않았기 때문에 눈 더미를 서너 걸음 간격으로 쌓아 놓을 수밖에 없었다.

우선은 눈을 치우는 것이 아니라 눈을 모아 놓는 일이었다. 키 높이의 눈 더미들이 시간이 지날수록 늘어나 점심시간이 가까워지자 연병장에는 눈 더미들로 꽉 들어차게 되었다. 오후의 일은 이 많은 눈 더미를 연병장 가장자리의 개울가로 옮겨놓아야 하였는데 처음 대하는 일이어서 막막해 보였다.

아침점호 시에 화장실로 이용되던 이 개울은 겨울이 되자 항시 흐르던 물이 말라 지린내가 진동하던 곳이었다. 이 지독한 지린내를 묻어버릴 수 있다는 것은 그나마 다행이었다.

눈을 퍼 담아 옮길 리어카며 자동차 트레일러와 널빤지로 만든 들것들을 총 동원하여 개울가 근처에서부터 작업이 시작되었다. 오후가 되자 오전의 맑은 하늘은 어느덧 검은 구름으로 덮여있었다. 겨울바람이 차가웠지만 우리에게는 단지 온몸의 열기를 식히는데 그만이었다. 이마에는 하얀 소금가루가 묻어나기도 하였다.

연병장의 눈 더미가 하나씩 해체되면서 개울은 눈덩이로 채워지고 있었다. 어느덧 개울의 모습은 자취조차 보이지 않게 되었으며 시간이 갈수록 개울에 쌓아진 눈 더미는 높아지고 있었다. 아직도 연병장의 눈 더미는 절반도 치우지 못했는데 서쪽 하늘의 태양은 검은 구름 속으로 스며들어 엷은 빛만을 남긴 채 행적을 감추고 있었다. 검은 구름 속에서 뿌려지는 눈송이는 잿빛이었다가 지상에 닿자마자 백설로 변모하는 듯 보였다.

내가 사는 남쪽에서는 낮에 내리는 눈이 쌓이는 모습을 보지 못했으나 이곳의 눈은 내리는 대로 쌓여지고 있었다. 앞이 보이지 않을 정도로 뿌려지고 있는 함박눈은 이제껏 공들여 놓은 연병장을 또 다시 뒤덮고 있었다. 눈이 그렇게 원망스러울 수가 없었다. 이른 아침부터 지금까지 땀 흘린 보람이 사라지게 되었으니 그 허망함에 화가 치밀어 올랐다.

다음 날도 그 다음 날도 제설작업이 이어졌고 마침내 태양이 제구실을 해 준 덕분에 연병장 지표면에 조금씩 남은 눈 찌꺼기를 말끔히 녹여주었다. 그야말로 그림 같은 연병장으로 다시 태어날 수 있었다. 연병장 이외의 모든 곳에는 아직도 눈으로 덮여있었으므로 연병장의 말끔함은 더한층 돋보였다. 그 이듬해까지 수차례에 걸쳐 이러한 제설작업은 지속되었으며 그 때마다 눈이 지

겨울 수밖에 없었다.

그 이듬해 춘삼월의 봄비가 내리고 나서야 비로소 개울에 쌓아 둔 눈 더미는 자취를 감추었고 그곳에 물이 흐르는 소리와 함께 개울가의 방뇨도 다시 시작되었다.

당직사령 라면

일요일은 밀린 세탁을 하고 휴식을 취하기도 하였다. 궂은 날씨만 아니면 내무반의 모든 모포와 매트리스를 막사 뒤쪽의 잔디밭에 말렸다. 저녁 무렵 말린 모포를 털 때마다 먼지와 하얀 각질이 연기처럼 피어올랐다.

일요일에는 이처럼 전투력 향상과 무관하게 하루를 보내기 때문인지 모르겠지만 이날의 중식은 항상 라면이었다. 일주일에 한 번 먹게 되는 라면은 별식이었다. 병사들 대부분은 이 때가 아니면 라면을 먹을 기회가 없었다. 라면을 먹기 위해서는 일찍 식당으로 가서 남보다 먼저 줄을 서야만 했다. 그렇지 않으면 라면발의 본성을 맛볼 수가 없었기 때문이었다. 그렇다고 항상 남보다 앞설 수는 없었다. 식기를 취사병한테 내밀면 취사병은 인심 쓰듯 바가지만한 국자로 라면을 식기에 부어주었다. 라면의 면발은 이미 꼬불꼬불한 원래의 모양새를 잃은 채 국수 가락처럼 축 처져 있었고 라면국물은 면발에 흡수되어 식기 밑바닥에서 버적대고 있는 경우가 많았다.

취사실에서 제때 라면을 배식한다하여도 배식구 하나에 대대전원에게 배식을 하다보면 라면은 퉁퉁 불어날 수밖에 없었다. 국물

없는 라면은 양도 많았다. 늦게 배식을 받을 경우에는 취사병이 시혜를 베푼 듯 통통 불은 라면을 곱빼기로 듬뿍 퍼주었으나 취사병에게 고마워할 필요는 없었다.

쫄깃쫄깃한 라면의 면발은 당초부터 기대하지는 않았을지라도 이렇듯 맥 풀린 라면가락이 흐느적거릴 정도가 되었음에도 그렇다고 이를 먹지 않을 수도 없었다. 배를 채울 수 있는 것은 라면 이외에 달리 있을 리가 없었기 때문이었다.

따뜻한 국물이라도 들이키면 그나마 속이라도 위안이 되겠지만 온기마저 느껴지지 않은 라면을 먹는다는 것은 오로지 허기진 배를 채우는 것이 그 유일한 목적이었다. 더군다나 상황실이나 초소에 근무한 병사들을 위해 내무반에 갖다 놓은 라면은 마치 밀가루 반죽 같아서 두부를 먹듯이 숟가락으로 떠먹곤 하였다.

일요일에는 당직사령과 당직사관 이외의 간부들은 근무를 하지 않았으므로 식당의 라면은 일반 병사들 몫이었고 당직사령과 당직사관은 는적는적한 식당 라면을 아예 먹을 생각조차도 하지 않았다.

운영과의 대대 상황실에는 일과시간이 지나면 야간이든 휴일이든 항시 당직사령이 근무하였으므로 일요일에도 당직사령의 중식을 위해서 상황병은 식재료를 담당하는 병사로부터 생라면을 지급받아 특별히 준비한 양은냄비에 라면을 끓여서 제공하였다.

라면을 끓일 때는 시간조절이 가장 중요하였다. 자칫 방심하여 라면 끓는 시간을 맞추지 못해 라면이 불기라도 하면 당직사령으로부터 군기가 빠졌다는 질책은 물론 라면을 다시 끓여야만 했다.

상황실의 석유난로 위에 올려놓은 양은냄비에 펄펄 끓인 라면은 식당라면과 확연히 달랐다.

양은냄비의 라면은 매우 뜨거워서 바로 먹기가 쉽지 않았으므로 당직사령이 먹기에 좋도록 적당히 식혀서 제공하였다. 영하로 내려간 바깥기온 탓인지 라면을 저을 때마다 하얀 수증기가 일시에 냄비에서 품어져 나왔으며 동시에 라면의 뜨거운 열기도 금방 식혀지곤 하였다. 뜨거운 면발에 찬 공기를 쐬게 되면 그 면발이 쫀득쫀득해져서 라면의 참맛을 느낄 수가 있었다. 눈이라도 쌓여 있는 경우에는 라면을 식히기에 훨씬 수월하였다. 냄비 밑바닥을 눈 위에 올려놓고 라면을 식히면 그만큼 라면 식히는 시간이 절약되기도 하였다.

먹기 좋게 식혀진 라면과 취사반에서 미리 준비한 김치를 당직사령한테 바치고서 이를 보고 있노라면 당직사령이야 어떻게 생각하든 진수성찬이 부럽지 않을 것 같았다. 입안에는 침이 고이고 빈 뱃속은 아우성인데도 상황실 교대 근무자가 올 때까지는 마냥 기다릴 수밖에 없었다. 내무반에 갖다놓았을 라면반죽이라도 얼른 가서 배를 채우는 것이야말로 이 환상에서 벗어날 수 있는 유일한 길이었다.

군대에서 취급한 라면은 붉은 포장의 삼양라면이었다. 이 군대라면은 시중에서 파는 것과 질적인 차이는 없었으나 양적인 면에서 달랐다. 일인분의 라면 한 봉지 안에는 시중에서 파는 라면이 두 개가 들어있었다. 혈기 방장한 군인들의 정량이 시중의 라면 한 봉지로는 부족하다고 판단한 것 같았다.

라면 등 식재료를 담당하는 병사는 끗발이 좋았다. 라면을 얻기 위해서 그에게 사정하거나 당직사령의 이름을 팔기도 하였다. 라면 한 봉지라도 얻어놓게 되면 남들이 갖지 못한 물건을 갖기라도 하듯 뿌듯하였으며 내키지 않은 한 밤중의 상황 근무일지라도 짜증스럽지 않았다. 당직사령이 먹었던 그런 라면을 끓여 먹을 수 있었기 때문이었다. 라면을 끓일 때 마다 몇 달 남지 않은 첫 휴가가 무척이나 기다려지곤 하였다.

담금질

고단한 심신을 침상에 눕히기 위해서는 그전에 반드시 지긋지긋한 일석점호를 거쳐야 했다. 일석점호의 가장 중요한 목적은 인원점검이었으나 이와 병행해서 내무반의 환경정비와 병사들의 위생 상태를 수시로 점검하였다. 팬티의 세탁여부를 확인하기 위해서 일주일에 한 번쯤은 팬티검열을 하였다. 입고 있는 팬티에 자기 이름을 매직으로 써 놓기도 하였다. 세탁해서 빨랫줄에 널어둔 팬티가 저녁나절쯤에는 먼저 보는 자가 임자일 정도로 잃어버리는 경우가 많았으며 하물며 관물함에 정돈해 둔 여벌의 팬티마저 도난당하는 경우도 빈번하였기 때문이었다.

점호준비는 상병 이하 졸병들이 도맡아 하였다. 내무반 청소를 비롯해서 관물정리와 총기수입 등 해야 할 일들이 많았으나 병장들은 느긋하게 누워있거나 자기들끼리 잡담을 하며 시간을 보냈다. 점호시간대를 전후해서 고참들의 군기잡기행사가 때때로 있었으나 그 시기를 예측할 수 없었으므로 항상 불안한 마음에 긴장하지 않을 수 없었다. 일상적인 점호는 통상적으로 중대의 당직사관이 취하였으나 당직사령이 중대장일 때에는 중대장이 직접 취하기도 하였다.

겨울의 한파가 수그러들지 않고 있던 어느 날 저녁 일석점호가 끝나자마자 당직사령을 맡고 있는 중대장으로 부터 전 중대원에게 팬티차림으로 연병장에 집합하라는 지시가 떨어졌다. 중대 행정실 앞의 정원수 가지에 매달아 놓은 온도계의 수은주는 이미 영하로 내려가 있었다. 페치카의 뜨거운 열기로 달궈진 내무반에서 출입문을 여는 순간 연막소독 하듯이 하얀 수증기가 실내로 들어 닥침과 동시에 살을 에는 냉기가 온몸에 파고들었다. 문밖으로 한 발짝 떼어놓기란 마치 악명 높다고 들어 온 마루타 실험실로 끌려가는 기분이었다. 전 중대원이 하얀 팬티차림에 영내화인 고무신을 신은 채 연병장에서 와들와들 떨면서 중대장의 처분을 기다리고 있었다. 사열대 뒤의 백열전등이 신체검열이라도 하듯 새우 등 같이 잔뜩 움츠린 병사들의 하얀 등짝에 차가운 불빛을 쏟아내고 있었다. 전 중대원은 좁은 간격이 아닌 정식간격으로 정렬하도록 하였는데 서로간의 체온에 의한 온기를 차단하고 차가운 기운이 맨살에 거침없이 스며들도록 하기 위함이었다. 추위를 조금이라도 이겨내기 위해서 작은 몸짓으로 제자리 뛰기를 하려하자 전원 부동자세를 취하도록 하였다. 아무리 추운 영하의 날씨 속에서 팬티차림을 할지라도 구보를 한다든지 움직일 수만 있으면 그것은 얼마든지 견뎌낼 수가 있지만 부동자세의 팬티차림은 참기 힘든 얼차려였다.

연병장에 집합하자마자 벌써부터 고통을 감내하는 낮은 신음소리와 함께 심한 경련을 일으키듯 떨고 있었고 이빨 부딪히는 소리 또한 고통의 시작을 알리고 있었다. 사열대 위에서 버티고 있는 중대장은 팬티차림들을 내려다보면서 일장훈시를 하기 시작하였다. 훈시내용은 일부 고참병들이 일과시간대에 내무반에서 장기를 두고 있었을 뿐 아니라 PX에서 막걸리를 마시고 있는 현장이 순찰중인 대대장한테 적발되어 대대장으로부터 심한 질책을 들었다는 것과 요즘 중대원들의 군기가 형편없다는 것이었다.

전 중대원들의 이빨 부딪히는 소리는 마치 소형 오토바이 엔진소리 같았다. 그 소리는 시간이 흐르자 누군가를 원망하는 아우성처럼 들렸다. 소리를 내지 않기 위해서 어금니를 악물어도 소용이 없었다. 훈시가 시작된 지 10여 분이 지나자 이빨 부딪히는 소리와 함께 느닷없는 방귀소리가 들려왔다. 한 곳에서의 소리는 전염병처럼 번져 이곳저곳에서 들리더니 사방에서 동시 다발적으로 분사되고 있었다. 부대에서는 보리쌀이 섞인 밥을 먹어서인지 평소에도 방귀가 자주 나오는 편이었으나 이렇게 한꺼번에 전중대원이 동시다발적으로 배출되는 현상은 아주 희귀한 모습이었다. 일부러 방귀를 뀌고자 하는 것도 아닌데도 매서운 추위에 노출되다보니 괄약근이 풀어져 이를 조이지 못하고 배출되었던 것이다.

뱃속의 가스가 소진된 듯 몇 분간에 걸쳐 진행된 불협화음은 마침내 간헐적으로 들려왔으나 이빨 부딪히는 소리는 여전히 겨울밤의 정적을 깨고 있었다. 고무신 속의 발가락도 끊어질 듯 시려왔지만 온몸으로 감내하는 고통에 비하면 특별할 것도 아니었다. 중대장은 했던 얘기를 몇 번이고 반복하고 있는 것으로 보아 훈시가 금방 끝날 것 같지는 않아 보였다. 반시간 가까이 이어진 중대장의 훈시는 드디어 끝이 났건만 도무지 해산시킬 낌새가 보이지 않으니 더욱 기가 찰 노릇이었다. 이제나 저제나 중대장의 훈시가 끝나기만을 학수고대하였으나 훈시 뒤끝은 동토의 침묵으로 이어지고 있을 뿐이었다. 심한 이빨 떨림으로 인하여 입아귀마저 감각이 둔해지고 있었다. '으드득 으드득' 소리는 마치 죽음 앞의 마지막 절규처럼 들려왔다. 신참들이야 그렇다 치더라도 내무반에서 큰소리나 치며 거드름피우는 고참들의 입에서도 처절한 비명이 새어나오고 있었다. 고참들의 체면이 말이 아니었을 것이나 체면 따위를 거들먹거릴 그런 계제는 아니었다. 이처럼 혹독한 얼차려에 대해서는 고참이건 신참이건 간에 그 어떤 것도 본능보다 우선될 수는 없었다.

시간이 참으로 더디 흐름을 체감하고 있었다. 사열대에서 부동자세로 팬티차림들을 지켜보고 있던 중대장이 그의 손목시계를 자주 보곤 하였던 것은 처음부터 작심하고 정해진 시간을 채울 심산이었던 것으로 짐작되었고 또한 끝낼 시간이 다가오고 있음을 감지할 수 있었다. 정확하게 한 시간을 채우고 나서 마왕 같은 중대장은 마침내 해산명령을 내렸다. 해산하기 전에 가볍게 몸을 풀라고 하였으나 온몸이 마비된 듯 제대로 움직일 수가 없었다.

페치가의 열기로 가득 찬 내무반에 들어서자 앞선 병사들의 짧은 머리카락에서 하얀 수증기가 피어올랐다. 시야가 흐릿하여 뚜렷해 보이지 않는 페치카 주위에는 이미 고참들이 에워싸고 있었다. 잠시도 지체 없이 침상에 모포로 감싸고 누워있으니 스펀지에 물이 스며들 듯 따스한 기운이 살갗에서부터 서서히 스며들었다. 얼었던 온몸이 사르르 녹여지고 있음을 실감할 수 있었다. 고통이 줄어드는 과정은 쾌감이었고 일종의 마약 같은 것이었다. 또한 만병이 통치되는 듯한 그런 기분이었다. 한편으로는 이 한겨울을 이겨내기 위한 강한 담금질 같은 것이라고 스스로 위안을 삼을 수도 있는 일이었으나 영원히 잊혀 지지 않을 사건이었다.

사단 지휘검열

한 해를 마무리하기 위해서는 군대에서도 해야 할 일들이 많았다. 그 중에서도 매년 연말에 실시되는 사단지휘검열은 부대 내의 모든 전투장비에 대해서 사단장이 직접 검열하기 때문에 이를 대비하기 위해서 전대대원이 한 달 전부터 전념하지 않을 수 없었다.

수송대대에는 사단본부와 예하부대에 연료와 부식 등을 수송해주는 근무중대와 전투훈련을 지원하는 수송중대로 나눠 그 역할을 수행하고 있었으므로 중대별로 관리하는 차종이 달랐다. 근무중대에는 2.5톤 트럭을 비롯해서 대형 유조차 등 다양한 차종이 있는 반면 수송중대에는 2.5톤의 트럭만을 관리하고 있었다.

12월의 겨울은 사단지휘검열을 준비하는 병사들을 여간 힘들게 하는 것이 아니었다. 수송대대의 검열대상은 차량일 수밖에 없었는데 차량을 정비하기 위해서 운전병들은 말할 것도 없고 행정병들까지도 동원되기도 하였다. 행정병들은 차를 닦는 등 주로 기름걸레와 함께하는 역할이 대부분이었다.

운전병이나 정비병들은 두툼한 방한복을 입어야 할 영하의 날씨에도 기름에 찌든 정비복만을 입고 얼음장처럼 차가운 쇠 덩어리를 만지면서 정비를 할 수밖에 없었다. 연병장 한쪽에 드럼통을 개조해서 만든 대형난로에서는 한겨울이 무색하리만큼 뜨거운 열기가 봄볕의 아지랑이처럼 너울대고 있었고 난로주변에는 굶주린 집시들 마냥 많은 정비병과 운전병들이 그 열기를 감싸고 있었다.

차량을 정비하는 시간보다 난로 곁에서 불을 쬐는 시간이 더 많을 수밖에 없었다. 병사들의 축축한 장갑과 정비복에서는 하얀 김과 함께 역겨운 기름 냄새를 풍기고 있었고 자동차 구동축으로 급조한 연통에서는 폐유가 완전 연소되지 않은 채 시커먼 연기를 뱉어내고 있었다.

차량을 정비하는 운전병이나 정비병들이 고생한 만큼 사역으로 동원된 행정병들도 마찬가지였다. 차량정비를 마친 차량들은 세차장에서 깨끗이 세차한 후 연병장의 좌우 일직선상에 주차되었다.

마지막으로 새 차처럼 보이도록 하기위해서는 차량외관을 기름걸레로 닦아놓아야 했는데 2.5톤 트럭의 외관을 닦는 일이 쉬운 일이 아니었다. 몇 번이고 기름을 촉촉이 적셔서 닦아야 했으므로 면장갑을 끼었어도 장갑 속으로 얼음처럼 차가운 기름이 스며들었다. 차체의 기름칠이 끝나면 마지막으로 바퀴를 물로 닦아낸 다음 닦아서 희부옇게 보이는 타이어를 검게 보이기 위해서 페치카 연료용으로 저장해 놓은 석탄을 물에 개서 구둣솔로 타이어를 검게 칠하였다.

특히 정비병들이 혹독한 추위 속에서도 밤늦도록 작업한 결과 차량 정비를 마무리 할 수 있었다. 마침내 100대가 넘는 차량이 줄을 그어 놓는 선상에 종과 횡으로 한 치의 오차도 없이 정렬되었다. 거기에 정렬된 차량들은 새 차처럼 산뜻하였고 마치 군기가 들어있는 것처럼 한 점 흐트러짐이 없어 보였다.

수송대대 병사들에게는 보기에 민망한 흔적들을 가지고 있었다. 수송대대 모든 병사들의 손톱 끝과 유달리 굵어 보이는 손가락의 마디주름에는 까만 기름때가 항상 끼어 있었다. 그 기름때를 제거하기 위해 돌과 콘크리트 바닥에 문지르기도 하였건만 그 흔적은 쉽게 가시질 않았다. 주말에 가족이나 애인이 면회라도 오게 되면 손톱소지는 물론 온몸에 배어있는 기름 냄새 제거에 적잖은 신경을 쓸 수밖에 없었다.

사단지휘검열이 있던 날 오후, 연병장에는 대대 간부들이 맨 앞의 대대장을 중심으로 도열하고 있었고 차량운전병들은 각각의 차량 앞에 부동자세로 서있었다. 대대정문에서 들려오는 위병하사관의 힘찬 경례구호와 함께 전조등을 켠 지프차들이 연병장으로 들어서고 있었다. 번호판 대신 별판을 단 지프차에서 사단장이 내렸고 그 뒤를 참모들이 바짝 뒤따랐다.

단독군장차림에 밤색 통가죽 권총벨트를 찬 채 한 손에는 조그마한 지휘봉을 들고서 전차부대 장교용의 까만 특수 안경 (고글)이 걸쳐있는 방탄모의 사단장 모습이 멀리서 보아도 위엄이 있어 보였다. 부대 병사들에게 늘 자상하고 인자한 대대장이 평소 모습과는 달리 사단장 앞에서 크고 강한 목소리로 지휘검열 준비상황을 보고하였다. 수송대대의 대대장일지라도 사단장 앞에서의 긴장하는 모습이 마치 병사들이 신고할 때와 크게 달라 보이지 않았다. 차량 앞을 지나면서 사단장이 몇 마디 물을 때마다 병사들의 고함은 사단지휘검열의 완벽한 준비를 위해 최선을 다했음을 웅변이라도 하듯 진눈개비 흩날리는 엄동설한의 하늘을 향해 울부짖고 있었다.

철쭉꽃

그 해의 겨울은 길고도 추웠다. 부대를 껴안 듯 감싸고 있는 뒷산 마루에는 BOQ (영내 장교숙소)가 그 흔한 수목 하나 의지할 것 없이 삭풍에 노출된 채 자리 잡고 있었다. BOQ로 이어진 작은 황톳길 가에는 동토의 움츠림에서 벗어나려는 듯 많은 얼음발들이 늦가을의 서릿발처럼 흙을 뒤집어쓴 채 솟아올라 있었다. 회색빛 하늘에는 발그스레한 한 부분만이 태양의 위치를 알려줄 뿐 밝고 따스함을 느끼기에는 계절을 탓할 수밖에 없었다.

이 한 계절이 지나면 새로운 계절이 오게 되고 또한 새 움이 트일 테지만 물려주어야할 그 자리엔 계절의 감각을 잃은 채 지난 가을부터 몸부림치다 미라처럼 말라버린 이파리가 앙상한 나뭇가지 끝에서 동면을 하고 있는 듯 단단히 붙어 있었다.

내무반 바깥은 엄동설한이었지만 실내는 한여름이었다. 페치카의 화력은 내무반 중간통로에 매달아 놓은 온도계의 수은주를 30도 위로 밀어올리고 있었으나 문밖의 혹독한 추위는 영하의 위치로 끌어내리고 있었으니 병사들은 문밖을 드나들 때마다 온탕과 냉탕을 번갈아 들어가는 셈이었다.

출입문짝의 바깥부위에는 출입문을 열 때마다 생기는 물방울이

고목나무 등걸의 껍질처럼 켜켜이 얼어 붙어있었으나 내무반 실내의 화분에는 이른 봄에나 피어야 할 연분홍 철쭉꽃 한 송이가 시절을 착각한 채 활짝 펴 있었다.

페치카의 화력은 무쇠 솥 같은 철판을 빨갛게 달궈 놓고 있었다. 그 철판위에는 드럼통을 반으로 절단하여 만든 물통이 있었고 그 물통에서는 물이 항상 펄펄 끓고 있었는데도 그 끓는 물을 활용하였으면 좋았을 날계란이나 옥수수라든지 그런 먹을거리가 없었다는 것이 매우 안타까울 뿐이었다. 그렇지만 일주일에 한 봉지씩 전투식량으로 지급되는 건빵을 페치카의 뜨거운 열기를 이용해서 새로운 요리로 변신시킬 수 있었다. 동봉되어 있는 별 사탕을 건빵봉지 안에 넣고 약간의 물을 부은 후 달궈진 벽돌 위에 올려놓으면 얼마 있지 않아 얇은 비닐 막으로 덧씌워진 건빵봉지 안에서 부글부글 끓었다. 맛있는 건빵요리가 만들어진 것이다. 사탕 물이 배어든 몰랑한 건빵이 맛있었다.

물통 속의 건빵은 누구의 것이든 간에 주로 고참들 몫이었으므로 신참들은 자신에게 지급된 건빵을 요리로 변신시키지 않고 원래대로 먹는 것만이 그나마 제몫을 챙길 수가 있었다.

내무반 바닥에는 그 열기를 식히고 습도를 조절하기 위하여 항상 흥건하게 물이 뿌려져 있었다. 특히 야간의 불침번에게는 내무반의 건조함을 막기 위해서 수시로 소대를 순찰하면서 온도를 체크하고 바닥에 물을 뿌리는 임무도 주어졌다. 물을 뿌려주지 않을 경우 자칫 소대원 전체가 감기에 걸릴 수 있다고 하였다. 실내온도를 조절하는 것이 쉽지가 않았다. 온도조절은 전적으로 페치카의 화력에 달려 있었다.

일주일마다 돌아오는 페치카 당번은 오직 페치카 불이 꺼지지 않도록 하는 것이 지상최대의 과제였으므로 내무반안의 실내온도가 30도로 오르든 그 이상으로 오르든 페치카당번으로서는 간여할 바가 아니었을 뿐만 아니라 어느 누구도 화력이 세다고 그를 나무랄 수는 없었다.

동절기 한파 대비차원에서 이미 지난 가을에 유리창틀마다 비닐로 감싸놓았기 때문에 바깥공기가 침투할 틈새가 없었다. 막사 밖에는 북풍한설이 몰아친다 해도 내무반에서는 병사들 대부분이 팬티차림으로 모포도 덥지 않은 채 잠을 잘 수 있었고 더워서 잠을 설치는 경우도 많았다.

안과 밖의 온도 차가 심해 한밤중에 야간근무를 위해 밖으로 나갈 때도 고역이었지만 가끔 있는 일이긴 하였으나 막사에서 30미터 이상 떨어져있는 화장실 가는 일이 더욱 곤혹스러웠다. 잠정신으로 문 밖에 나왔지만 온몸으로 파고드는 추위가 발걸음을 묶어두었으므로 출입문 근처 화단에는 평소에도 지린내가 코끝을 자극하였고 눈이라도 쌓여있을 경우에는 팬티차림에 군화를 신을 수밖에 없었는데 이를 보는 이가 없다는 것이 다행스런 일이었다.

추위를 막기 위하여 방한모를 뒤집어 쓴 채 초소근무를 마치고 내무반으로 들어서는 병사들의 방한모에는 작은 얼음알갱이들이 달랑달랑 붙어있었다.

하루하루 지날수록 이 한겨울의 추위도 언젠가는 그 위세가 누그러질 것이고 머지않아 새싹이 돋을 봄도 오겠지만 제대를 하자면 앞으로도 이런 겨울을 두 차례나 겪어야 하는데 언제 그날이 오려는 지 지금으로서는 까마득할 뿐만 아니라 올 겨울마저도 끝나려는 기미조차 전혀 느낄 수 없으니 그저 막막할 뿐이었다.

똥탑

부대막사를 향해 기울기를 낮춰가는 산비탈의 끝 지점에는 어김없이 암모니아 냄새를 풍기는 화장실 막사가 있는데 이 막사는 뒷간 냄새의 발원지라 하여도 결코 멀리 할 수 없는 공간이었다.

부대막사가 전반적으로 검정색 내지는 회색 등 무채색계열로 도색되어 무거운 분위기를 조성하고 있는 만큼 심지어 화장실 이라는 데는 굳이 말 할 필요가 없었다.

입대 직후의 논산훈련소 실내 화장실은 군대에서 사용한 화장실 중 유일한 수세식화장실이었다. 특히 수용연대의 화장실에는 칸칸마다 화장실 당번이 지키고 있었고 용변 후에는 물청소를 하였으므로 맨발로 이용할 정도로 깨끗하였다.

논산훈련소의 야외화장실은 앉아서 용변을 볼 때도 얼굴이 보일 정도인 반 토막 문짝이었고 잠금장치도 없었기 때문에 모자를 훔쳐가는 경우가 많아 모자를 벗어 가슴에 안고 용변을 보라는 조교의 사전 교육이 반드시 필요한 곳이기도 하였다.

지금의 부대 화장실은 논산훈련소의 야외화장실과는 비교할 수 없을 정도로 외부와 차단될 수 있는 혼자만의 공간이 확보되어 있었으므로 비록 암모니아냄새 풀풀 난 곳이긴 하여도 졸병이 남

몰래 맛있는 빵이라도 혼자 먹기 위해서는 화장실을 이용하는 경우도 있을 정도였다.

여름의 화장실은 퀴퀴한 암모니아 악취로 숨쉬기도 어려울 정도였지만 물기 있는 모든 사물들을 얼려버린 이 한겨울에는 화장실의 그것도 예외일 수 없었으므로 냄새만으로는 그것 본연의 정체를 알 수 없었다.

내복과 함께 두터운 방한복 바지를 무릎 아래까지 내리고 쭈그려 앉아있으려면 두툼해진 무릎 뒤쪽이 제대로 굽혀지질 않을 정도였기 때문에 자세잡기가 매우 불편하였을 뿐만 아니라 발판 밑으로 엄습해온 영하의 혹독한 냉기가 까발린 아랫도리를 마치 냉동시키려는 듯 살 속으로 파고들었다.

특히 분뇨탱크가 외부에 노출된 화장실의 경우 그 발판 밑에는 평소 같으면 수평을 이뤄 흥건하게 담겨있어야 할 것들이 물썽한 본성을 상실한 채 수직으로 쌓아지고 있었으므로 먼저 사용한 자의 흔적들이 고스란히 남아 있었고 당일 먹는 식재료가 같았던 만큼 그것 또한 동일한 색깔을 띠고 있었다.

날씨가 워낙 추워 그것이 몸 밖으로 나오자마자 얼려졌기 때문에 한 부분만이 마치 탑을 쌓아 올리듯 밑바닥에서부터 솟아올라 있었으며 사용된 화장지는 안착하지 못한 채 발판 밑에서 바람결에 이리저리 나뒹굴고 있었다.

사용자가 많은 탓에 어느새 엉덩이에 닿을 정도로 그 탑의 높이는 높아지고 있었다. 그 탑의 정상으로부터 엉덩이를 보호하기 위해 발판의 앞뒤로 이동하다보니 그 탑의 몸체 또한 점점 불어

나고 있었다.

중대 사역병으로 차출된 우리들의 임무는 탑의 위협으로부터 안전을 도모하기 위해서 그 탑을 해체하는 작업이었다. 해체작업은 보기와는 다르게 쉬운 일이 아니었다. 어찌나 단단히 얼어붙었던지 어지간한 도구로는 그 탑을 해체할 수 없었다. 탑 해체를 위해서 한 길 정도 되는 쇠메가 동원되었다. 쇠메로 탑을 향하여 충격을 가해도 파편만 남긴 채 좀처럼 해체되지 않았다. 파편이 튀는 곳은 일정하지가 않아 사방으로 튀었다. 튀는 파편들이 안면이라고 빗겨가는 법은 없었으므로 충격을 가할 때마다 고개를 돌려 외면하지 않을 수 없었다.

간혹 그 파편들이 목 부위와 입술에 닿는 경우도 있었다. 그 파편이 목 부위에 닿아 옷 속으로 침투한 경우에는 옷 속에서 녹지 않도록 물구나무 선 듯한 자세로 털어 낼 수밖에 없었으며 입에 닿기라도 한 경우에는 독약이라도 묻은 양 침이 마르도록 뱉어 내기도 하였다.

탑의 주성분이 그렇듯이 그 파편도 마찬가지였을 것이나 이미 그것들은 그 성분을 잊은 채 단순한 얼음 쪼가리들이었다. 그렇다고 그것들이 얼음처럼 투명하지는 않았으므로 그 성분을 짐작하기에 충분하였다.

호주머니 속에 침투한 얼음파편은 어느새 녹아 호주머니 한 부분을 누렇게 물들여 놓았을 뿐만 아니라 시간이 지나 이미 분말로 변한 것들은 그곳에서 안주하기도 하였다. 그곳의 탑은 겨울 한 철을 보내는 동안 쌓아지고 해체되기를 수차례 반복되었다.

상황근무

군대에서는 여름보다 겨울보내기가 훨씬 어렵다고 할 수 있다. 군인은 겨울을 어떻게 보내느냐에 따라서 군대 생활을 편하게 했는지 그렇지 않았는지를 가늠할 정도로 겨울철 보내는 것이 큰 부담으로 여겨졌다.

한겨울의 추위가 낮에도 맹위를 떨쳤지만 밤에는 더욱 혹독했기 때문에 심야 시간대에 1시간씩 부대 외곽 경계선의 초소에 근무하는 것은 힘겨운 일이 아닐 수 없었다. 초소근무든 상황근무든 심야시간대의 근무는 일주일에 서너 차례 돌아왔지만 그 외 시간대의 야간근무까지를 포함하면 매일 한 차례정도의 야간근무를 서는 셈이었다. 초소 근무시간은 1시간이었지만 방한근무복을 착용하는 시간, 중대 행정실과 대대 상황실에 근무 나갈 때와 근무를 마치고 들어올 때의 신고, 초소에 오가는 시간 등을 따지면 2시간이 넘게 소요되었다. 초소근무병들의 경우 중대에서의 1차 신고에 이어 대대상황실에서 실탄이 끼워진 탄창 1개씩을 각각 지급받고서 초소경계근무를 서고 후임 근무자와 교대한 후 중대로 가기 전에 다시 상황실에 들러 실탄을 반납하는 절차를 거쳐야만 했다.

1소대 내무반원들은 대대 상황실을 도맡아 근무하였다. 초소근무자들이 야간 근무를 위해서 두꺼운 방한복을 착용한 반면에 상황실 근무자에게는 별도의 방한복이 지급되지 않았다. 상황실 안에는 기름 난로가 있었기 때문이었다.

새벽시간대에 상황실 근무가 예정되어 있을 경우에는 근무시각 30분 전부터 미리 깨어있는 경우가 많았다. 근무자를 깨우기 위한 불침번의 군화 발자국 소리가 점차 내게로 향하고 있음을 미리 감지하고 있었으므로 불침번이 다음 순번의 근무자를 깨우는 수고스러움을 빌리지 않고서도 근무시각에 맞춰 일어나곤 하였다.

초소 근무자와는 달리 상황실 근무자는 2시간씩 근무하도록 되어있었기 때문에 시간 보내기가 지루하였다. 기름 사정이 여의치 않았던 만큼 심야시간대에는 기름이 떨어져 있는 경우가 많았다. 특히 날씨가 추운 날에는 오전부터 사무실의 온도를 높일 수밖에 없었으므로 당일 배급받은 기름이 초저녁에 이미 바닥난 경우가 많았다.

상황실 근무자에게는 방한 근무복이 지급되지 않아 별도의 온기 한 점 없는 블록 창고 같은 사무실에서 새벽시간대에 2시간을 보내기 위해서는 강한 인내력이 요구되었다. 조금이라도 추위를 쫓아낼 심산으로 없는 기름 대신에 '전우' 신문지로 불을 지핀 경우가 있었는데 난로 쇠붙이에 붙은 냉기마저도 앗아가지 못할 정도로 순식간에 타버리고 재만 남기곤 하였다.

어떻든 2시간을 보내기 위해서는 억지로라도 잠을 청할 수밖에 없었다. 책상에 엎드려 야전 점퍼로 두상을 가린다 해도 등허리에

와 닿는 싸늘한 추위마저 막을 수는 없었기 때문에 미리 마련해 둔 모포 두 장중 한 장으로 하체를 감싸고 또 한 장으로는 상체를 씌우면 다리 저리는 것을 빼고는 그런대로 새우잠일망정 청할 수 있었다.

대대 상황실에서는 당직사령도 함께 근무를 하였지만 당직사령은 조그마한 연탄난로가 제 역할을 톡톡히 하고 있는 운영과장의 집무실에서 일찍이 잠들어 있는 경우가 다반사였다. 부대 취침시간에 맞춰 운영과장 집무실에다 당직사령의 침구를 준비하는 것부터가 상황병의 임무였다. 침구는 두꺼운 합판을 깔아놓은 야전침대와 모포 서너 장이었으나 개인별로 슬리핑백을 가져오는 경우도 있었다.

상황병이 있는 곳과 운영과장 집무실은 여닫이문이 하나 있었는데 열고 닫을 때마다 삐걱거리는 소리가 심야시간대에는 기적소리만큼 크게 들려왔기 때문에 상황실이 아무리 추워도 연탄불이 노골노골 끓고 있는 운영과장 집무실에 당직사령 몰래 들어갈 수가 없었다. 당직사령도 대대의 야간상황을 총괄하는 근무자로서 잠을 자서는 안 되는 처지였으므로 무슨 상황이 발생하면 즉각 태세를 갖춰야 하는 판에 당직사령과 상황병이 동시에 잔다는 것은 절대 용납될 수 있는 일이 아니었다.

초병들이 초소근무를 마치고 마치 우주복처럼 부자유스런 방한근무복에 얼굴을 묻은 채 바깥의 냉기를 달고 상황실로 들어설 때면 어렵사리 청한 새우잠마저 싹 달아나 버리곤 하였다.

짚검불

한반도의 평화유지를 위한 팀스피리트 훈련이 한미연합사령부 주관 하에 매년 겨울철에 2주 정도 실시되었다. 육해공군 할 것 없이 전군이 참여하는 훈련으로서 그 규모가 국내에서 제일 큰 훈련이었다.

수송대대인 우리부대에서는 팀스피리트 훈련에 참여하는 보병부대에 차량을 지원하는 것이 주된 임무였으나 우리와 같은 행정병 중 일부는 사단사령부에 훈련기간 동안 파견되어가는 경우도 있었다. 사단사령부 군수처에서는 우리부대에 행정병 2명과 보급차량 1대를 차출하였다. 상급부대에 파견되는 것을 서로 기피하였으므로 파견되는 병사는 의당 졸병차지 일 수 밖에 없었다.

운영과에는 나보다 늦게 전입한 후임 병사가 한 명 있었으나 이 친구가 부대를 전입한 지 얼마 되지 않았기 때문에 사단 사령부에 보낼 수는 없었으므로 어쩔 수 없이 내가 파견대상이 되어야만 했다. 우리부대의 보급과에서 파견된 병사는 나와 같은 일병이었지만 나보다는 1개월 남짓 빠른 선임이었고 마른 체격에 키가 장대 같았다. 사단사령부에는 우리 외에도 통신대대, 공병대대, 병참대대 등 사단 예하부대에서 차출되어 온 많은 병사들이 대기하고 있었다.

사단사령부 군수처의 훈련단 일행은 심야시간대에 훈련캠프가 설치된 경기도 ○○으로 이동한다고 하였다. 군 트럭의 짐칸에 탄 병력의 수에 비해 짐칸에 부착된 의자의 공간은 턱 없이 부족하여 대부분의 병사들이 차 바닥에 쪼그려 앉아 갈 수 밖에 없었다. 훈련캠프로 가는 비포장도로는 엉덩이를 가만히 내버려 두질 않았다.

겨울밤의 추위는 모든 것을 얼려버릴 정도로 매서웠으나 그나마 다행인 것은 질기고 두꺼운 후라이(덮개)가 있어 살을 에는 칼바람을 막을 수 있었고 병사들이 각자 가져온 모포 또한 추위를 이겨내는데 제몫을 해주었다. 모포를 둘러쓴 채 트럭짐칸에서 하룻밤을 지새울 수밖에 없었다. 좁디좁은 짐칸의 공간은 무질서하게 엉클어져서 트럭이 뒤뚱거릴 때마다 누군가의 군화가 얼굴을 가격하기도 하였으나 서로가 잠 정신에 취해 있었으므로 이를 탓할 수 있는 상황이 아니었다. 우리의 트럭은 적으로부터 노출되지 않기 위하여 전조등에 차광막을 부착한 채 더디 운행할 수밖에 없었으므로 훈련단 일행이 마침내 훈련지에 도착한 시각은 다음날 이른 아침이었다.

훈련장에 마련된 대형텐트 안에는 조립식 책상 모서리에 부대명칭이 적힌 작은 깃발형태의 표짓대가 꽂혀 있었다. 우리는 이곳에서 각자가 자기부대를 대신해서 일을 맡았는데 실제 동원이 아니라 도상훈련이 대부분이어서 서류작성만으로 해결되는 일이었다.

훈련에 참여한 병사들은 야산에 참호를 만들어 이곳에다 텐트를 치고 밤을 보내야 했으나 우리에게는 부대에서 함께 동원된 보급차량이 있었으므로 구태여 땅을 파는 수고스러움을 덜 수 있었다. 철판으로 제작된 트럭 짐칸의 철판바닥은 마치 얼음장 같이 차가웠다. 추수를 마치고 들판에 쌓아둔 볏 짚단을 가져와 두툼하게 깔고 모포를 덧씌우고서야 마침내 차 바닥의 냉기를 차단할 수 있었다.

취침하기 전에 어디서 구했는지 운전병인 상병이 4홉들이 소주 1병과 저녁식사 시에 아껴놓은 햄 부스러기를 안줏감으로 내놓았다. 부식조달을 위해 훈련지를 벗어날 수 있었던 상병이 인근 마을에서 소주를 구입한 것으로 짐작되었다. 등짝이 오싹하고 얼굴이 시렸지만 각자 모포 하나씩을 둘러쓴 웅크린 자세로 소주를 반합 뚜껑에 따라 돌려가며 마셨다. 몇 순배를 돌리자 어느덧 거나하게 취기가 올라왔으므로 오늘 밤의 한기를 이 술기운으로 버틸 수 있을 것 같았다. 소주병을 다 비우고 나서 모포 속으로 들어갈 쯤에 장대 일병이 선임행세를 하려는 듯 내게 물심부름을 시켰다. '이 시간에 어디서 물을 가져온단 말인가!' 어이가 없어 나는 그에게 목마른 사람이 샘 판다는 말로 응답해 주었다. 물론 군대에서 선임이면 깍듯이 대해야한다는 것이 군대에서의 불문율임을 모른 바는 아니었다.

이 장대일병은 나보다 1개월 남짓 선임이었음에도 나는 이곳에 나와서까지 그의 말에 복종하고 싶지 않았다. 1개월 남짓 정도는 부대 내의 고참에 비하면 같이 고생하는 동병상련의 처지였음에도 불구하고 갑자기 선임행세를 하려는 장대가 고깝게 보였을 뿐만 아니라 술 몇 잔을 걸치다 보니 없던 객기도 생겼기 때문이었다. 이 상황을 지켜보던 상병이 장대에게 힘을 실어 발언하자 나한테서 무안을 당한 장대가 응원군을 얻었다 싶었는지 느닷없이 내 뺨을 후려쳤다. 갑작스런 봉변을 만회라도 할 양으로 나도 반사적으로 장대의 면상에 주먹으로 응수하자 장대는 수통이 매달린 탄띠로 나를 공격해 왔다. 어렵사리 트럭의 짐칸에서 도망치듯 뛰어내렸다.

순식간의 상황이어서 양말만 신은 채 나온 터라 논바닥의 차가움이 그대로 발바닥에 촉촉이 전달되었다. 아마 술기운의 탓인지 황량한 들판의 날씨는 겨울철 치고 매섭지 않았으며 달빛 또한 고요하기 그지없었다. '이 밤에 어디로 간단 말인가!' 한 대 맞아버리고 말걸 이제와 후회해도 소용없는 짓이었다. 그렇다고 지금 돌아가서 잘못했다고 사과를 한다든가 용서를 빈다는 것은 자존심이 허락되지 않았다.

주위를 살펴보니 들판에는 추수할 때 지푸라기에서 떨어져 나온 벼 잎 검불만을 쌓아둔 더미가 있었다. 이 벼 잎 검불의 부드러운 본성을 어릴 적 일찍이 체험한 바 있었으며 검불 더미 또한 어릴 적 숨바꼭질할 때 숨기도 했던 곳이었으므로 이곳에 들어가 하룻밤을 보낼 수 있으리라는 믿음과 함께 검불 안쪽 깊숙이 들어가서 비스듬히 누워보았다. 별 추위를 느끼지 못한 채 쉽게 잠이 들었다. 어느 순간 한기가 온몸에 엄습해 옴을 느껴 잠에서 깨어나 밖으로 나와 보니 어느덧 달빛은 자취를 감추었고 겨울 하늘에는 별들만이 총총히 박혀있었다. 어쩔 수 없이 이들이 잠들어 있는 트럭 짐칸으로 몰래 들어갈 수밖에 없었다.

조심스레 짐칸 가장자리에 몸을 눕히니 모포속의 온기가 느껴졌다. 이른 아침 침구를 정리할 때 이들이 아무 일 없는 듯 대해주었다. 이들은 혹시 내가 돌아오지나 않을까 밤새 걱정이 태산이었을 텐데 아무 탈 없이 와준 것만이라도 고맙게 여겼을 것이다.

동계훈련

이번의 동계훈련은 여름철에 실시하는 하계훈련과 더불어 우리 부대 자체에서 실시하는 야외훈련이었다. 2박3일의 일정으로 일과 시작시간에 맞춰 부대를 출발한 차량대열은 출발한 지 한 시간정도 걸려서 훈련캠프가 설치될 부대인근 야산에 도착하였다. 그 야산에는 며칠 전에 눈이 내렸음을 말해주듯 한낮의 태양아래 그 일부분이 녹아내리다 밤사이 다시 얼어붙은 잔설이 그대로 쌓여있었고 특히 경사가 완만한 곳에 개간된 밭 두락의 이랑 사이 사이에는 아직도 군화의 발목까지 차올랐다.

대대지휘본부(CP)와 그 주변으로 중대본부가 들어설 텐트가 설치되고 그 위에 작업복 천 조각을 그물망에 묶어서 만든 위장막을 덮음으로써 겨울철 작전수행능력 제고를 위한 동계훈련 채비는 어느 정도 마무리 될 수 있었다.

거의 행정병들로 구성된 우리 소대원들은 자기가 속한 행정과, 보급과, 운용과별로 별도의 사무실용 텐트를 설치하였으나 운용과 요원들은 대대지휘본부를 사무실로 겸용하고 있었으므로 별도의 텐트를 설치할 필요가 없었다.

수송대대의 수송중대는 사단내의 보병, 포병부대에서 실시하는 작전훈련 시 병력수송을 주로 맡아왔고 근무중대는 직할대의 보급품 수송을 맡아왔으므로 유사시를 가정한 상황이긴 하였지만 동계훈련의 경우라 해서 특별히 달라진 것은 없었다. 수송대대 지휘본부의 기능은 작전을 수행하는 여타부대에 차량을 지원해 주는 일이 주 임무였기 때문에 수송대대 자체로 작전훈련을 수행하는 일은 없었다. 따라서 보병부대처럼 고지를 점령하기위해 땀 흘려 산을 오르내리는 일은 없었다.

동계훈련에서 가장 염려해야 할 사항은 야간에 어떻게 추위를 이겨내야 하는 것이었다. 특히 잠자리를 마련하는 것이 급선무였으므로 이를 위해 참호를 만들어야만 했다. 개인별로 소지한 군용야전삽을 가지고 야산의 땅을 판다는 것은 불가능할 정도였다. 중대에서 특별히 준비한 곡괭이도 통통 튈 정도로 땅이 꽁꽁 얼어 있었기 때문에 야산보다 땅 파기가 수월한 밭에다 참호를 만들 수밖에 없었다. 밭주인이 이 사실을 알게 되면 호되게 경칠 일이었건만 장교건 하사관이건 누구하나 이를 제지하는 사람은 없었다.

키 높이 정도로 땅을 파서 잔솔가지로 땅바닥 및 벽면과의 접촉을 차단하고 지면과 수평으로 나뭇가지를 걸친 후 그 위로 판초우의로 둘러치고 흙으로 덮어 놓으니 그럴싸한 실내가 조성되었다. 분대원 전원이 투숙해야할 규모였음에도 완성된 참호는 너무 작았다. 그것은 참호 벽면에 습기를 방지하기 위해서 소나무가지를 빙 둘러서 박아 넣다보니 그만큼 실내면적이 좁아지게 된 탓도 있었다. 참호의 위치가 밭이다 보니 오후 들어 얼었던 황토가 녹는 바람에 보행하기가 어려울 정도였다. 보행 시 마다 군화 밑바닥에 물엿처럼 끈끈한 황토를 달고 다녀서 바지 뒷단에는 묽은 황토가 갯가의 따개비처럼 달라붙어 있었다. 특히 참호입구가 좁다보니 참호에 들고 날 때마다 군화를 벗고 신는 일이 여간 고역이 아니었다.

주간에는 햇볕이 들어 지휘본부 안에서 춥지 않게 근무를 할 수 있었으나 야간의 상황근무는 고통스러웠다. 상황실에는 역시 소형 기름난로가 있었으나 초저녁부터 이미 그 역할을 기대할 수 없게 될 정도로 기름은 적게 보급되었기 때문이었다. 그나마 다행인 것은 전기풍로가 있어서 낮에 준비해둔 라면을 끓여 먹을 수 있었던 것이 크나큰 위안이었다. 상황실 주위에서 경계근무를 서고 있던 초병과 함께 야심한 새벽시간대에 따끈한 라면 국물을 들이키면 얼었던 온몸이 녹는 듯하였으나 라면 한 봉지만으로는 한계가 있을 수밖에 없었다.

정해진 순번에 따라 상황실에서 근무를 서는 데도 심야시간대에는 상황병이 제시간대에 교대되지 않는 것이 근무자의 고민거리였다. 내무반에서처럼 다음 근무자를 깨우는 불침번이 있지 않았기 때문이었다. 상황실과 참호와는 30여 미터정도 떨어져 있었으므로 상황병이 직접 참호까지 가서 다음 근무자를 깨워야 하였으나 신참이 고참 깨우기는 적잖이 어려운 일이었다.

나와 교대해야할 근무자는 불행하게도 고참 병장이었다. 몇 번이고 참호에 들어가 흔들고 깨워댔으나 묵묵부답이었다. 한 시간 정도 지나서야 참호에서 나온 병장은 내게 미안하다고 하였으나 그 한 마디의 말로 역한 감정이 해소되질 않았다. 그렇다고 눈살을 찌푸릴 수도 없었고 불편한 속내를 조금이라도 내색할 수도 없었다.

짧은 시간이라도 수면을 취하기 위해 참호에 들어가야 하는데 결코 쉬운 일 이 아니었다. 이미 포화상태인 참호는 더 이상 드러누울 틈이 없었다. 그렇다고 눈을 붙일 수 있는 다른 방안이 따로 있는 것도 아니었다. 분대원들의 몸뚱이 위로 파고들어서라도 눈을 붙이고 볼 일이었으므로 안면몰수 외에는 다른 방법이 없었다. 겉옷에 스며들었던 한기가 대원들에게 닿기라도 하면 소스라치듯 깜짝 놀라기도 하였다. 한 시간도 채 남지 않은 시간을 헛되이 보낼 수는 없었고 얼었던 몸을 한시라도 빨리 녹이고 싶은 마음만 간절할 뿐이었다.

페치카 당번

엄동설한인데도 내무반 통로 한가운데의 화분에는 며칠 전부터 화사한 자태를 드러낸 철쭉꽃 한 송이 말고도 참새부리만한 꽃망울들이 가지마다 솟아나와 있었고 천장에 고무줄로 매달아 놓은 온도계의 빨간 수은주가 섭씨 30도를 오르내리고 있었던 것은 벽난로의 일종인 페치카의 발열판위에 놓인 물통에서 물이 용천수처럼 항상 펄펄 끓고 있었기 때문이었다.

내무반 안의 한쪽 침상에는 붉은 벽돌로 쌓아 만들어진 직육면체의 발열체가 있었고 이 발열체에 잇닿은 발열철판은 빨갛게 달구어진 채 반으로 절단된 드럼통을 이고 있었다. 중대막사 뒤편에는 내무반별로 설치된 시커먼 페치카 아궁이가 누추한 모습을 부끄러워하듯 가마니로 만든 거적이 발처럼 가려져 있었으며 거적안의 아궁이는 빨간 불덩어리를 삼키 듯 솟구치는 불길을 자석처럼 빨아들이고 있었다.

페치카 당번은 복장부터가 달랐다. 채탄장의 광부처럼 작업복과 얼굴마저도 검댕이가 묻혀있었기 때문에 부대 밖 한 발짝도 나가서는 안 될 꼬락서니를 하고 있었다. 그 모양새는 각설이타령에 나오는 비렁뱅이 동냥치가 분명해 보였을 터였다. 페치카 당번이

만지거나 앉으면 모든 것들이 더럽혀지기 때문에 거적안의 아궁이가 페치카 당번의 근거지일 수밖에 없었다. 그러나 페치카 당번이 고생한다고 취사병이 챙겨준 라면을 야식으로 끓여 먹는 재미는 페치카 당번만이 누릴 수 있는 특전이기도 하였다.

우리 내무반에서는 페치카를 전담하는 당번을 일주일씩 행정과, 보급과, 운용과 순으로 돌아가면서 한 명씩 맡았다. 페치카 당번은 오직 페치카 불 관리만을 위한 존재였기 때문에 그 일주일 동안은 교육이든 점호든 모든 것이 열외로 인정받았으므로 당번을 자진해서 하는 경우도 많았다. 한 주간의 자유를 만끽하기 위한 유혹이 없지 않았을 뿐만 아니라 선임병의 추천에 의하여 나는 페치카 당번을 맡아볼 수가 있게 되었다.

석탄과 황토를 일대일정도로 혼합한 뒤 물로 개어 반죽형태로 페치카 연료를 만들었다. 석탄으로만 반죽을 만들 경우 석탄의 낭비가 많았기 때문에 흙을 섞어 반죽형태로 만들어야했다. 화덕에서 피자 구울 때 사용되는 것과 같은 긴 삽으로 반죽을 떠다 솟아오른 불길위에 조심스레 차곡차곡 쌓아 놓았다. 고래 등처럼 쌓아 둔 반죽 한 가운데에 불길이 숨을 쉬도록 뚫어 놓은 엄지손가락 굵기 정도의 구멍에서는 산소 용접기의 푸른 불길처럼 강열한 불꽃이 솟구쳐 올랐다. 숨구멍의 크기는 내무반의 실내 온도와 비례하였으므로 그 크기를 적절히 조절하는 것이 페치카 당번의 요령이었다. 자칫 숨구멍이 커서 예상보다 일찍 타버린다거나 또는 너무 작아서 타다가 꺼져 버린 일이 생길 수 있다.

페치카 당번에게 또 하나 신경을 써야할 일은 타버린 재를 털어 내는 일이었다. 연탄불이든 장작불이든 불씨를 건들면 불길이 약해지거나 꺼지는 성질이 있기 때문에 타버린 재만을 꺼내는 일이 쉽지 않았다. 끝이 뾰족한 긴 쇠막대로 붉게 타고 있는 탄불을 부셔서 이미 타버린 재만을 분리시킨 후 남겨진 불씨를 모아 원래의 상태로 만들어야 했으나 그 불씨가 약할 경우에는 새로 얹힌 석탄반죽이 불씨를 질식시켜버리는 일이 다반사였다.

전임 당번으로부터 물려받은 아궁이의 그 숨통에서 나온 불길이 마치 정유회사의 높은 굴뚝에서 솟아오른 불길처럼 평화로웠으나 그 날 저녁 타버린 재를 털어내다 그만 불씨를 꺼버리고 말았다. 번개탄이 나오기 전에는 연탄 한 장이라도 불을 붙이기가 쉽지 않는데 하물며 큰 거북이 등딱지만한 석탄 반죽에 불을 붙인다는 것은 젖은 장작에 불을 지핀 것보다 더 어려운 일이었다.

불씨를 만들기 위해서는 별도의 불쏘시개가 필요하였다. 불쏘시개용으로는 가을철에 산에서 베어온 싸리나무로 만든 빗자루가 좋았다. 이웃 중대의 화장실에 보관된 싸리 빗자루 서너 개를 몰래 가져와 불쏘시개로 사용하였다. 싸리 빗자루 불쏘시개라고 해서 만능은 아니었다. 이웃 중대 화장실을 두세 번 들락거려도 반죽에 불이 붙지 않았다. 순간적으로 지펴지는 듯 보였지만 어느새 불씨는 사그라져버리고 말았다. 이럴 때 마다 차량 정비소에 들러 폐유까지 얻어와 빗자루에 뿌려보아도 짙은 검은 연기만 뿜어 낼 뿐 그 이상의 진척은 없었다.

옆 내무반 페치카에서 불씨를 얻어올 수밖에 없었다. 한 번 불이 꺼지면 쉽게 살릴 수가 없다는 것을 잘 알고 있었기 때문에 불씨를 얻기도 쉽지가 않았다. 불씨를 얻는 대가로 라면 한 봉지를 주겠다는 약속을 한 후에야 가능한 일이었다.

불을 살리지 못하면 그날 밤 내무반원들은 추위를 감당해야 했을 뿐만 아니라 감기라도 걸리면 그 책임을 면할 수 없었기 때문에 어떻게든 불길을 살려놓을 수밖에 없었다. 어떤 때는 밤중에 활활 타오른 불길이 갑자기 새벽에 꺼져버린 경우도 있었으나 내무반안의 벽돌발열체가 뜨거운 열기를 한동안 간직하고 있었기 때문에 내무반원들이 추위로 인해 잠을 설치는 일은 없었다.

타오르는 불꽃을 보고 있노라면 강력한 생명력을 느낄 수 있었고 되살아난 불길에 대한 안도감은 거적 안에서 페치카 당번 혼자만이 누릴 수 있는 희열이었다.

첫 휴가

입대한 지 10개월 정도가 되면 첫 휴가를 가게 되어있었다. 휴가가기 1개월 전부터 군인수첩의 달력에 하루하루의 날짜를 볼펜으로 까맣게 지워가며 남은 일수를 세어가고 있었으므로 마음은 벌써 집에 가있는 듯하였다. 집에 가면 늦잠도 자고 라면도 실컷 먹고 싶었다. 별개의 세상에서 모든 것을 포기한 채 살아온 만큼 휴가를 간다는 것은 군인에게 있어서는 희망이요 지상최대의 즐거움이었다.

입대 이후 가족이나 친지들로부터 단 한차례의 면회를 가져보지 못한 나로서는 그 기대치가 남달랐을 지도 모를 일이었다. 면회가 없었던 이유가 특별할 것은 없었으나 우리 부대가 내 고향과는 너무 멀리 떨어져 있어 부모님께 찾아오실 필요 없다고 오래전에 편지를 띄운 탓도 있었고 그 밖의 친지들은 내게 면회 올 만큼 관심과 여유가 있지 않았기 때문이었을 것이다.

휴가가기 하루 전날 내무반의 선임이 특별히 바지의 주름에 신경을 써서 외출복을 다려주었고 군화까지도 광나게 닦아주었다. 고참이 신참 휴가병의 옷을 다려 주거나 군화를 닦아주는 것은 부대의 오랜 관행이었다.

휴가병 일행은 중대장실과 대대장실에 들러 휴가신고를 마친 후 부대로부터 걸어서 10여분 거리의 버스 정류장에서 서울 가는 버스를 탔다. 버스를 타는 것만으로도 자유인이 된 기분이었다. 이 곳 버스안의 승객들은 우리와 같은 휴가병들을 보는 것이 일상이었겠지만 나는 버스 안의 승객들이 매우 낯설어 보였다.

군부대가 많은 지역이기 때문에 버스가 서울로 가는 동안 곳곳의 검문소 헌병들이 차에 올라 휴가증을 조사하였고 어떤 곳에서는 하차시킨 후 부대와 연락을 취하여 우리의 신분을 확인한 후에 보내주었다. 어느 한 곳에서는 부대와의 전화통화가 지연됨에 따라 2~3분 정도 기다려주었던 버스가 떠나버렸기 때문에 반시간 가량 동안 초소에서 다음 버스를 기다려야했다. 갈길 먼 나로서는 짜증스러웠지만 혹시나 휴가가 취소되지나 않을까 하여 불안하였다. 저녁 늦게라도 집에 들어갈 수 있으면 좋겠다는 생각뿐이었다.

다행히 늦은 밤이었지만 집에 도착하게 되었다. 집 밖이며 방안에 있는 물건들이 입대 전하고 달라져 보이는 것들은 없었다. 이튿날 늦잠이라도 실컷 자보고 싶었으나 오히려 부대에 있을 때보다 더 일찍 눈이 떠져 마당에 나가 빗자루를 들었다. 어제와 확연히 다른 오늘의 아침을 실감하고픈 마음이 있었으며 부모님께 나의 달라진 모습을 보여드릴 심산도 없지 않았다.

자자일촌인 우리 마을에서 만나는 사람들 모두가 가깝거나 먼 친척관계여서 내가 군대 간 사실을 많은 사람들이 알고 있었다. 이분들은 한결같이 엊그제 입대한 것 같은데 벌써 휴가 나왔나며 나를 반겨주었으나 하루가 여삼추 같았던 남의 사정은 전혀 모른 듯하였다. 내게 주어진 15일간의 휴가기간은 군대에서 흘린 땀의 결실이었건만 기대와는 달리 하루의 일상이 너무나 무미건조하였다. 특별히 재미있는 놀이거리라도 있을 리 없는 시골에서는 현역 대상에서 제외된 또래들과 막걸리 잔을 기울이면서 군대에서 고생했던 짠한 얘기를 들려주는 것이 고작이었다.

하루하루가 지나갈수록 바득바득 다가오는 귀대 날짜가 원망스러웠다. 그렇지만 아무리 그 하루가 아까울망정 이 시간이 지나지 않으면 제대를 할 수 없다는 생각이 들자 이 아까운 시간마저도 홀딱 지나가버리는 것이 좋을 것만 같았다. 그러나 며칠 지나면 부대로 돌아 갈 생각을 하니 그것은 돌이키고 싶지 않는 가슴앓이였고 또한 벗어 날 수 없는 굴레라는 생각이 들었다.

귀대하는 날, 어머님께서 만들어 주신 인절미를 싸들고 대문을 나서니 입대하던 그때처럼 발걸음이 무거웠다. 버스 차창 밖 멀어져 가는 마을을 보자 입대 당시의 심정이 되살아나 울컥한 마음이 들기도 하였다.

부대 가는 버스를 타기 위해 들른 서울시외버스터미널 인근의 노상에서 외양이 화려하고 세련돼 보이는 손목시계 하나를 아주 싼 가격에 사서 버스에 올랐다. 해질 무렵 부대 진입로에 이르자 위병소의 모습이 보였고 이날의 운행을 마친 차량들이 부대 정문에 줄지어 들어서고 있었다. 저곳에 한 번 들어가면 영영 못나올 것만 같았다. 세상 사람들의 일상과는 동떨어진 생활을 할 수 밖에 없는 내 처지가 처량해 보였으며 휴가기간 동안 아무래도 느슨해졌을 기강으로 인하여 병영생활에 적응하는데 마음고생이나 하지 않을 런지 내 자신이 걱정 되기도 하였다.

점호를 마치고 나서 집에서 가져온 인절미를 내무반장이 소대원들에게 나눠주었다. 휴가병이 귀대할 때마다 의례적으로 음식을 가지고 왔었는데 시루떡이나 인절미 등 떡 종류가 주 메뉴였다.

늦겨울의 스산한 바람이 아직도 버티고 있는 이날 밤 잠시 부모님 생각에 남쪽 하늘을 쳐다보니 검은 구름 사이사이로 달빛이 새어나왔다. 어제 저녁까지만 해도 부모님과 함께 집에 있었음에도 지금은 이렇듯 새장에 갇힌 영어의 신세나 다를 바 없으니 언제 다시 고향에 갈 것인지 막연하였을 뿐만 아니라 앞으로도 휴가를 두 번이나 갔다 온 이후에나 제대할 날짜를 기다릴 형편이었으니 아득한 그날이 과연 내게도 다가올 것인지가 여전히 미심쩍기만 하였다.

휴가 가기 전의 부푼 마음은 한갓 거품처럼 사그라져 버렸으니 다시금 군인의 길로 매진할 따름이었다. 손꼽아 기다릴 미래가 없는 절망을 극복할 수 있는 것은 바로 체념 밖에 없었다. 논산훈련소에서 맞이한 입대 후의 첫날밤을 생각하며 스스로 위안을 삼을 수밖에 없었다. 이날 산 손목시계는 크게 흔들어 주어야만이 초침이 잠시나마 움직였다.

개구리 구이

두 번째의 봄은 영영 오지 않을 것처럼 기세등등했던 엄동설한의 한파도 한풀 꺾이면서 동토의 인고 끝자락에서 해빙의 기지개가 피어날 즈음 산허리를 감도는 골짜기에는 맑은 물 흐르는 소리가 그 겨울의 밑자리를 밀쳐내고 있었다. 벌거숭이 나목의 등걸에도 새움 돋게 할 양으로 이른 아침의 물안개를 흡수한 듯 제법 촉촉하게 젖어있었다.

근무중대 대원들은 부대에서 도보로 반시간 거리에 위치한 야외훈련장에서의 교육을 마치고 귀대하던 중 어쩐 일인지 곧바로 부대로 돌아가지 않고 우회해서 골짜기가 있는 곳으로 향했다. 그곳에는 계곡물이 바위 틈새를 돌고 돌아 졸졸 흘러내리고 있었으며 갈길 먼 여정에 잠시 쉬어가는 휴식처라도 되는 듯 조그만 웅덩이들이 군데군데 똬리를 틀고 있었다.

해마다 이맘 때 쯤의 연례적인 행사로 짐작되었던 것은 부대에서부터 미리 준비한 듯 무거운 쇠메가 동원되었기 때문이었다. 그 쇠메로 작은 웅덩이 안에서 물 밖으로 살짝 내민 바위를 수직으로 내려치면 한 순간 빨간 불꽃이 번개처럼 번쩍임과 동시에 바위에서 떨어진 파편들이 사방으로 튀어 나갔다.

그리고 바위 밑 웅덩이에는 거무스름한 개구리들이 사지를 쭉 뻗은 채 물 위로 떠올랐다. 등 쪽의 검은 색깔에 비해 배부위의 하얀색이 돋보이는 이 산골짜기 개구리는 가차 없이 가는 철사에 꿰어졌다. 동면을 끝내고 웅덩이 바위 밑에서 운기조신(運氣調身)하던 개구리는 벼락같은 충격에 잠시 기절한 것으로 보였다. 웅덩이마다 개구리 두세 마리씩을 건져낼 수 있었으나 개구리로 봐서는 참 애석한 일이었다.

군대에서 늘 그렇듯 병사들이 개구리를 잡았지만 그 주인은 따로 있었다. 소대장은 부대로 돌아와 운용과장인 부대대장에게 조공 바치듯 내놓았다. 달포 전에 부대를 떠난 또라이 부대대장의 후임으로 온 신임 부대대장은 유인원 같은 외양을 가졌는데 그의 입이 귀에 걸리듯 늘어지게 된 것은 이맘때의 산골짜기 개구리 맛을 잘 알고 있었기 때문이었다.

운용과 사무실 옆 부대대장 방의 연탄난로에서는 막바지에 이른 한파라도 대비하려는 듯 푸른빛의 불길이 연일 활활 타오르고 있었다. 갈치구이용 석쇠만 있으면 안성맞춤이었겠으나 군대에서 석쇠가 있을 리 만무하였다. 철사를 구해 임시방편으로 석쇠를 만들어 주었다. 살아있기는 하여도 움직임이 거의 없는 개구리는 내장도 꺼내지 않은 채 통째로 연탄불 위에 올려 졌고 잠시 버둥대던 개구리는 마지막 순간에 다시 한 번 사지를 쭉 뻗었다.

불살이 좋았으므로 금방 고기 구운 냄새가 진동했다. 어릴 적 시골에서 개구리 뒷다리를 구워서 먹어본 경험이 있었지만 이렇게 자극적인 냄새를 맡은 적은 없었다.

풀 색깔을 띠고 있는 논 개구리와 지금의 산골짜기 개구리는 색깔부터 확연히 달랐다.

부대대장 이하 간부들은 어느새 준비해둔 소주를 컵에 따라 놓고 개구리가 구워지기를 기다리고 있었다. 간부들은 각자 한 마리씩 챙겨들고 개구리 몸통을 연탄난로 모서리에 톡톡 두드렸다. 그럴 때마다 검게 탄 개구리 껍질은 떨어져 나가고 김이 모락모락 피어나는 살점이 드러났다. 그들은 통통한 개구리 뒷다리를 몸통에서 떼어내어 뼈까지 아작아작 씹어 먹고선 남은 몸통을 다시 석쇠위에 올려놓았다.

옆에서 이를 지켜보고 있는 운용과 병사들에게 단 한 마리 아니 다리 한 쪽이라도 먹어보라는 배려가 없었으므로 그저 침만 삼키고 있을 수밖에 없었다. 인정머리라고는 손톱만큼도 없는 작자들이었다. 개구리 잡는데 일조한 부분도 있을법한 운용과 고참병장은 우리 같은 졸병보다 더욱 더 괘씸하게 생각하였을 것이다.

운용과 사무실과 통하는 여닫이문을 닫아버릴 수밖에 없었다. 그 냄새의 자극으로부터 벗어나고 싶었고 남이 먹는 것 쳐다보는 불쌍한 신세는 되고 싶지 않았기 때문이었다.

어느 정도 시간이 흐르고 그들의 잔치가 끝나자 개구리 맛의 실체를 확인하고자 얼른 부대대장 방으로 들어가 보았으나 바닥에 내려놓은 석쇠에는 까맣게 따버려서 먹지 못한 대가리 두세 개만이 놓여 있었고 석쇠의 철사에는 눌어붙은 살코기가 코딱지마냥 붙어있었다. 얼마나 맛이 있었으면 대가리까지 다 작살을 냈단 말인가! 개구리의 맛이 더욱 궁금해서 맛이라도 볼 양으로 철사에 붙은 살점을 떼어 먹어보았으나 맛을 느끼기엔 턱없이 적은 양이었고 그것마저 타버린 상태였으므로 그 맛을 느낄 수조차 없었다.

제대하기 전까지 그 언젠가는 개구리의 맛을 보리라고 마음먹고 이날의 치사함을 애써 외면할 수 있었으나 제대하는 그 날까지 그 맛을 보지 못한 것이 못내 아쉽기만 하였다.

연탄창고

겨울철의 흔적들을 제거하기 위한 봄맞이 대청소도 이미 끝냈고 내무반 내에서의 절대 지존으로 여겨졌던 페치카 발열체의 열기도 서서히 식어가고 있었다. 운용과를 비롯한 각 사무실내의 기름난로며 연탄난로 또한 임무를 완수하고 긴 휴식기에 들어갔다.

연병장 가장자리를 흐르는 개울도 해갈의 기쁨에 겨운 나머지 좌충우돌 흐르고 있었고 겨우내 소변에 찌들었던 바닥의 흔적과 지린내를 말끔히 씻어낼 정도로 그 수량도 풍부해졌다. 돌담 밖 논에는 농부들의 부지런한 발길이 연일 계속되고 있었다.

중대원들은 오전일과를 시작하기 위해 중대막사 뒤에 집결하였다. 당일의 작업을 지시하는 인사계는 상사의 계급장이 말해주듯이 군에서 잔뼈가 굵은 사람으로 나이에 비해 훨씬 늙어보였다. 대대장을 비롯한 장교들은 근무연한에 따라 부대를 옮겨가면서 근무하였지만 이 인사계만큼은 우리부대에서 5년이 넘게 근무하고 있었다.

나를 포함한 운용과 소속 4명이 차출되어 간 곳은 식당건물 옆 연탄창고였다. 매년 겨울이 시작되기 전에 운용과 부대대장실의 난로에 사용되는 연탄 트럭 1대분을 이곳에 저장해 놓았다. 운용과 소속 병사만이 차출된 이유가 여기에 있었다. 이 창고는 조그만 환풍구만이 있었을 뿐이었으므로 대낮인데도 출입문을 닫으면 사물을 분간하기 어려울 정도로 캄캄하였다. 창고 안으로 들어서자 거미줄로 포위된 백열등의 희미한 불빛에 놀란 까만 연탄분진들이 비산하고 있었다.

십여 년간 모아두었을 연탄부스러기들이 출입문 반대쪽 모서리의 양 벽면을 의지한 채 키보다 높게 쌓여 있었고 출입구 쪽으로는 산기슭처럼 경사면을 이루고 있었다. 아마 창고가 지어진 이후부터 지금까지 이곳에 부서진 연탄을 쌓아 두었을 것이므로 그 양도 2~3 톤 정도 되었지만 한 꺼풀만 걷어내면 암반처럼 굳어 있었다.

우리에게 주어진 작업은 올 겨울 페치카 연료로 사용하기 위하여 이 연탄부스러기를 마대자루에 담아서 제자리에 다시 보관하는 일이었다. 밀폐된 공간이었으므로 연탄가루를 둘러쓸 수밖에 없을 것 같았다. 이제까지 수 년 동안을 이대로 방치해 둘 수밖에 없는 이유가 분명 있었을 텐데도 하필이면 이때에 이런 작업을 우리한테 시키는지 인사계가 원망스러웠다. 언젠가는 누군가가 이 작업을 해야 할 일이었지만 운이 없을 따름이라고 생각하며 그 불평을 속으로만 삭힐 수밖에 없었다.

우선 호흡기 보호를 위해 마스크를 착용하고 수건으로 다시 안면을 단단히 동여맨 다음 작업에 임하였다. 곡괭이로 암반처럼 굳어진 연탄부스러기들을 파헤쳐서 마대자루에 담았다. 작업을 시작하자마자 밀폐된 창고 안은 검은 연기가 피어오르듯 연탄가루 분진들로 가득 찼다. 비산하는 분진으로 인하여 눈을 뜰 수가 없었을 뿐만 아니라 마스크 외에 수건으로 얼굴전체를 동여매듯이 싸고 있었으므로 숨쉬기조차도 어려웠다.

계속해서 생성되고 있는 검은 분진들이 환풍구를 통해 밖으로 빨려 나가고 있었으나 극히 일부일 뿐이었다. 교대로 출입문 밖으로 나가 신선한 공기를 폐에 가득 채우고 와서 다시 곡괭이질을 하곤 하였다. 마대자루 50여개를 채우고 나서 그곳에 다시 차곡차곡 쌓아두었다.

점심시간에 맞춰 작업을 마무리할 수 있어 다행이었다. 밖으로 나와 보니 서로가 누구인지 알아볼 수 없을 정도로 얼굴이 새까맣게 위장되어있었다. 목과 코에서도 까만 연탄가루가 섞여 나왔고 두 눈의 흰자위에도 까만 물이 배어 있었다. 온몸 구석구석에도 연탄가루가 침투하지 않은 곳이 없었다.

점심 배식시간에 늦지 않기 위해 대충 얼굴만 씻고 식당 안으로 들어섰다. 지체하다 보면 배식이 끝나버려 자칫 점심을 굶을 수도 있었기 때문이었다. 이미 배식을 받기 위해 줄서 있던 대대 병사들의 모든 시선이 우리들에게 집중되었다. 순간 수치심이 들기도 하였으나 허기를 채워야 한다는 생리적 본능을 어찌할 수가 없었다. 우리들의 옷에 묻은 까만 연탄가루가 자칫 날리기라도 하여 그들의 식기에 묻을 것처럼 경계를 하며 호들갑을 떠는 모습들이었다. 우리들의 이런 모습을 지켜보던 내무반 선임이 배식을 받아 놓겠다고 하여 식당에서 나올 수밖에 없었다.

따스한 봄날이었음에도 식당 건물 뒤꼍의 개울물은 아직 차가웠다. 콧속과 기관지에 침투한 연탄가루가 좀처럼 제거되지 않았다. 기관지에 연탄가루가 눌러 붙은 듯 목구멍의 간질거림이 멈추지 않아 혹시 몸에 이상이 생기지나 않을까 걱정이 되기도 하였다.

거름주기

물오른 나뭇가지마다 연녹색의 이파리들이 하루가 다르게 짙어져 가고 있었고 장승같은 등걸에도 어느새 여린 새싹들이 돋아나 살랑대는 봄바람을 맞이하고 있었다. 따뜻한 햇살과 실바람은 촉촉한 수분과 함께 만물이 생동하기에 더할 나위 없이 좋은 조건을 제공해 주고 있었다. 입대한 지 1년이 되던 그 해의 봄 또한 여느 때의 봄과 다름없었을 것이다.

사람 또한 춘심에 겨워 일손을 놓고 봄의 향연을 즐길 법도 하였건만 오늘 우리에게 주어진 임무는 화장실의 분뇨를 퍼 담아 막사 뒤의 어린 묘목에 거름을 주는 일이었다. 그동안 분뇨차가 수거해 갔으나 이날은 우리들에게 그 작업을 직접 하도록 하였다.

내무반에서 구타를 당하거나 얼차려를 받고 난 이후 차선임자의 분풀이로 활용되었던 화장실막사 뒤에는 코를 찌르는 암모니아 냄새가 생성되는 분뇨탱크가 있었다. 그 땅바닥은 항상 그늘져 축축하였으며 염분기의 하얀 색깔이 진하게 배어들어 있었다.

거름발이 충만한 이곳의 토양은 식물들이 자라기에 좋았다. 한여름철에는 온갖 잡초들이 무성하게 자라났으며 누가 씨앗을 뿌리지도 않았을 것임에도 잡초들 중에는 들깻잎이 삼마처럼 무럭 무럭 자라나고 있었다.

이 어른 손바닥만 한 들깻잎은 일반 들깻잎과는 달리 짙푸른 색깔을 띠고 있어 마치 암모니아 성분이라도 배어있을 것만 같았기 때문에 누구하나 들깻잎을 따서 먹으려 하지 않았다. 그러나 간부들 점심식사를 챙겨야 하는 운용과 병사들은 들깻잎의 출처를 밝히지 않은 채 이 들깻잎을 운용과장과 보좌관 등 장교들의 식탁에 여름 내내 된장과 함께 쌈용으로 올려놓았는데 그때마다 이렇게 좋은 들깻잎을 어디서 구했냐며 칭찬을 해주곤 하였다.

화장실 막사 뒤에는 여러 개의 분뇨배출구가 있었고 콘크리트로 된 묵직한 덮개가 그 배출구를 막고 있었으나 암모니아 냄새까지 차단되는 것은 아니었다. 특히 여름철 장마기간에는 그 냄새가 더욱 기승을 부렸다.

오늘의 작업에 30명 정도가 동원되었다. 분뇨탱크의 콘크리트 뚜껑을 열고 분뇨를 수월하게 퍼 담기 위하여 먼저 물을 퍼붓고 나서 긴 막대로 저어주자 흥건하게 잘 풀려졌다. 지독한 암모니아 가스가 솟아올라 눈이 따가웠다. 단 한 방울이라도 옷에 묻힐까봐 조심스레 용기에 부었음에도 튀는 방울을 달리 피할 방법이 없었다. 양동이처럼 생긴 플라스틱 용기에 분뇨를 퍼 담아 막대 중간에 걸쳐놓고 2인 1조가 되어 묘목이 심어진 경사진 산비탈을 오르는 일이었다. 병사들 대부분이 시골출신이었고 재래식 화장실을 사용했을 테지만 분뇨를 퍼 담아 본 병사는 아마 없었을 것이다.

보름 전 부대 뒷산에 미리 밤나무 묘목을 심었고 며칠 전에는 이 묘목 주위로 동그랗게 얕은 구덩이를 파놓았다.

오늘의 작업은 이 밤나무 묘목에 거름을 주기 위한 것이었다. 둘이서 분뇨를 담은 용기를 들고 발을 떼자마자 용기안의 분뇨가 좌우로 출렁대기 시작하였다. 출렁댈 때마다 분뇨방울이 용기 밖으로 튀어 올랐다. 평지에서 걷는 경우에도 그 내용물이 출렁거려 조심하지 않으면 안 되었는데 산기슭을 올라갈 때는 불가피하게 어느 정도 옷에 묻힐 수밖에 없는 일이었다.

아무리 조심하여 한 발 한 발을 옮긴다 해도 출렁거림을 진정시킬 수는 없었다. 경사가 조금이라도 기울어지면 막대 중간에 걸쳐놓은 용기가 자칫 한 쪽으로 미끄러져 아래쪽에서 떠받치고 있는 자에게 분뇨를 뒤집어씌울 상황도 생길 수가 있었다.

2인 1조가 된 작업팀들이 조별 간격을 벌린 채 조심스레 산기슭을 오르고 있었는데 그 우려가 현실로 닥치고야 말았다. 산기슭 중간정도 오르고 있을 때 쯤, '아뿔싸!' 우리 앞 팀의 한 병사가 미끄러진 바람에 분뇨용기를 그만 엎어버리고 말았다.

순식간에 일어난 일이어서 어떻게 피할 수도 없는 상황이었다. 밑에서 떠 바치고 있던 병사의 하의와 군화에는 분뇨의 실체들이 촛농처럼 흘러내리고 있었다. 그 여파로 바로 아래에서 올라가던 우리에게까지 그 파편들이 튀었으나 얼굴에 닿지 않은 것만이라도 참으로 다행스런 일이었다.

화장실 배출구에서 담은 분뇨의 양이 산기슭으로 올라가면 갈수록 줄어들었다. 밤나무 묘목에 분뇨를 부을 때는 처음의 양에 비해 절반정도 밖에 되지 않았다. 몇 번의 왕복으로 인하여 산기슭 곳곳에는 흘린 분뇨들이 풀잎에 널브러져있었다.

작업을 마치고 나서 작업복과 신발에 말라붙어있는 누런 얼룩들을 비벼서 털어내고 잘 씻었음에도 옷을 갈아입지 않은 상태에서는 그 냄새를 감출 수가 없었다. 작업병사들이 점심배식을 받기 위해 식당에 들어서자마자 미리 대기하고 있던 병사들이 코를 킁킁거리고 눈을 흘기며 우리들로부터 한 걸음 물러났다. '식사시간에 이 망측한 냄새라니!' 마침내 한 선임하사관의 지시에 따라 냄새의 장본인들은 식당에서 쫓겨나와 격리돼서 따로 점심을 해결할 수밖에 없었다.

남들과 달리 우리들끼리 아무렇지도 않게 식사를 게걸스럽게 할 수 있었던 것은 힘든 작업으로 인한 시장기뿐만 아니라 이미 마비된 지 오래된 후각 덕분이었다.

소변수통

부대의 연병장 가장자리에 둘러 처진 담장 밖의 논둑에는 엊그제 심은 듯한 콩 떡잎이 고개를 내밀고 있었고 해거름에는 개구리들의 세레나데가 돌담을 넘어 부대영내까지 들려왔다.

지루한 하루의 일과가 마무리되기 직전 중대전원에게 단독군장을 한 채 연병장에 집합하라는 중대장의 지시가 떨어졌다. 이따금씩 예기치 않은 이런 집합이 없지 않았으나 이럴 때마다 얼차려가 아니면 훈계차원의 교육이 실시되곤 하였다. 사무실에서 업무를 보고 있던 나는 얼른 내무반으로 들어가 단독군장을 착용하고 부대 외곽 초소에서 근무교대를 마친 옆 소대원들과 함께 연병장으로 뛰어 나갔다.

연병장에는 벌써 소대별 분대장을 선두로 대열이 갖춰져 있었다. 나는 늦게 나온 탓에 말년 고참들이 차지하는 대열의 후미에 위치하였다. 사열대 위에는 자그만 체구의 매부리코 중대장이 뒷짐을 진 채 일장 훈시를 하고 있었다.

평소 같았으면 이 시간쯤에는 저녁식사를 하고 있어야 할 때였는데도 중대장의 훈시는 빨리 끝날 것 같지가 않아 보였다. 그나마 얼차려를 실시하지 않은 것은 다행한 일이었으나 부동자세로 삼사십 분 동안 서있는 것도 쉬운 일은 아니었다. 자세를 함부로 흩트릴 수 있는 상황이 아니었음에도 옆 소대 후미에 서있는 한 일병이 다리를 꼬며 안절부절 못하고 있는 모습이 눈에 띄었다.

일병은 서울 말씨를 쓰고 얼굴도 예쁘장한 친구였다. 작년 가을에는 내가 위병소에서 근무를 하고 있을 때 이 친구의 어머니와 형 내외가 면회를 와서 내 명찰을 보고 자기와 성이 같다면서 달콤한 바나나 한 가닥을 찢어준 것도 있고 해서 나와는 부대 내에서 평소 다정하게 지낸 사이였다.

대열의 후미에는 지엄한 고참들이 있었는데도 이 일병은 낮은 신음소리와 함께 제자리에서 다리를 떨고 있었다. 이를 지켜본 고참 병장이 인상을 쓰며 주의를 주자 잠시 멈칫하더니 다시금 두 다리를 움츠리며 안절부절못하고 있었다. 일병이 무엇 때문에 저렇게 온 몸을 비비 꼬는 지 애초부터 모르진 않았으나 지금의 상황에서는 그저 참는 것 외에는 다른 방법이 있어 보이지 않았다.

평소 나를 잘 따르던 친구여서 그 옆에 서서 이를 지켜보고 있는 내 마음도 편치 않았다. 나중일이야 어떻게 되든 뒤쪽으로 빠져나가 볼 일을 보면 될 것 같았지만 요즘 중대원들의 군기가 빠졌다고 중대장이 사열대에서 야단을 치고 있는 마당에 대열을 이탈한다는 것은 생각조차 못할 일이었다.

이제나 저제나 끝날까 기다려도 중대장의 훈시는 도무지 끝날 기미가 보이지 않았다. 일병은 어찌할 바를 몰라 발만 동동 구르기까지 하였고 마침내 안색마저 하얗게 질려가고 있었다. 그렇다고 옷을 입은 채 배설할 수는 없는 일이었으므로 추궁당할 때 당하더라도 일단은 화장실로 달려가는 것이 상책이 아닐 수 없었다. 일병은 도저히 참을 수 없었던 듯 갑자기 탄띠에 매어있는 수통을 꺼내 그 안에 들어있는 물을 급히 쏟아내고 거기에다 소변을 보기 시작했다. 전혀 예기치 않았던 느닷없는 상황이 전개되었다. 얼마나 다급했으면 저럴까 싶었다. 수통만 받치고 있을 뿐 소변의 대부분이 조준되지 못한 채 밖으로 새고 있었다. 그것마저도 수통의 용량이 턱없이 적어서 수통을 금방 다 채우고도 넘쳐났다. 일병은 수통 밖으로 소변이 넘쳐나든 말든 아랑곳 하지 않고 방광을 비울 때까지 배설의 후련함을 만끽하고 있는 듯 보였다.

상황을 눈치 챈 주변의 소대원들이 중대장의 시야에 들지 않도록 이 친구의 앞면을 가려주었다. 왕모래 한 톨 박혀있지 않은 연병장 바닥에 소변이 쏟아지자 금방 흙탕물이 되어 사방으로 튀었다. 이 친구의 군화와 바짓단은 말할 것이 없고 느닷없는 사단에 애꿎은 바로 앞 병사의 바지 뒷단에 까지 붉은 황톳물이 튀어 얼룩이 졌으며 이 친구의 발밑 주변에는 하얀 거품을 생성한 소변으로 흥건히 적셔졌다. 용변을 마친 후에는 무안해 하며 어찌해야 할 바를 모르고 있었다. 급한 생리적 욕구를 일단은 해결했다하더라도 지어 놓은 죄업이 큰 만큼 뒤탈이 두려워 잔뜩 긴장하고 있는 듯 보였다.

먹는 물을 담아 두는 수통에 소변을 담았으니 수통으로서의 역할은 이미 끝난 것이 아닌가라고 생각하였건만 다음날 이 친구에게 물으니 두세 차례 물로 헹궈내서 수통으로 사용하고 있다고 하면서 대수롭지 않게 대답하였다. 그날 저녁 점호시간에 다행히 그 어떠한 질책도 없었으나 고참들이 그때의 상황을 재연하여 한바탕 웃음거리가 되었다는 얘기를 이 친구의 소대원으로부터 듣게 되었다. 그 일이 있는 후부터는 가끔 장난삼아 이 친구를 '수통' 이라고 부르곤 하였다.

빗물 된장국

수송대대에서 실시하는 야외훈련은 겨울철에 실시하는 동계훈련과 여름철에 실시하는 하계훈련이 있었다. 작년에 이어 두 번째로 맞게 되는 이번의 하계훈련 장소는 부대에서 30킬로미터 정도 떨어진 곳이며 거기까지 완전군장을 한 채 도보로 가야만 했다. 대대교육계를 맡고 있던 나는 부대대장과 함께 지프차에 동승할 수도 있었으나 군대생활의 색다른 경험도 하고 싶었고 부대대장과 동승하고픈 마음이 내키지 않았기 때문에 소대원들과 함께 도보로 행군하기로 하였다.

수송대대의 특성상 먼 곳으로 이동할 경우에는 늘 차량을 이용하였으므로 수송대대원에게는 이번의 행군이 적잖은 부담이 되었다. 장거리를 행군할 때에 가장 신경 쓰이는 곳은 발바닥이었다. 조금만 무리하게 걷게 되면 발바닥에 물집이 생겨 행군에 장애가 되기 때문이었다. 아침 일찍 출발하기에 앞서 솔잎을 따서 신발 깔창에 깔아놓는다든지 양말에 비누칠을 한다든지 나름대로 발바닥을 보호하기 위한 수완들을 동원하기도 하였다.

아침나절의 햇살도 따가웠으므로 이를 피하기 위해서 평소의 일과 시작 시각보다 한 시간 먼저 행군이 시작되었다. 읍내의 포장도로를 벗어나자 자동차 바퀴자국이 깊게 파인 비포장도로가 우리의 갈 길을 인도하듯 들판을 가로질러 길게 뻗어 있었다. 길 가장자리의 이름 모를 잡초들은 도로에서 생성된 먼지를 잔뜩 둘러쓰고 있었다. 시외버스가 지나 갈 때마다 차량 뒤쪽에서 뿜어져 나온 뿌연 흙먼지들이 시야를 가렸을 뿐만 아니라 흙먼지를 피하기 위해 바람결에 흩어져 사라질 때까지 호흡을 참아 보기도 하였다,

들판에는 한 달 전쯤에 심어놓았을 모들이 활착이 되어 어린모의 모습에서 벗어나 푸릇푸릇 자라고 있었다. 태양의 열기가 지표면의 대기를 달구기 이전부터 이마에서는 땀방울이 방울방울 맺혀 떨어지고 있었고 완전군장을 멘 등짝에는 이미 땀으로 젖어가고 있었다. 찜통 같은 날씨는 행군의 기강을 흩으러 놓기에 충분하였으므로 대원들은 웃옷의 단추를 풀어서 가슴의 열기를 식히기도 하였으나 땀줄기는 등골을 타고 흘러 내려 허리띠 부위에서 고이는 듯 했다.

어느덧 정오를 알리자 도로변 공터에서 점심을 먹기로 하였다. 이미 그곳에는 취사용 차량과 함께 취사반원들이 배식준비를 마무리 해놓고 대기하고 있었다. 대원들이 공터에 도착하기 이전부터 하늘에는 검은 구름이 몰려들었기 때문에 주위가 갑자기 어두워지기 시작하였다. 배식을 시작할 무렵에는 굵은 빗방울이 한두 방울 떨어지고 있었다. 배식을 받기위해 길게 늘어선 줄을 보니 배식이 빨리 끝날 것 같지 않아 보였다. 들판 한가운데의 도로주변에는 비를 피할 수 있는 그 어떤 것도 없었다. 이미 시작된 배

식을 중단할 수 있는 상황도 아니었으므로 비가 많이 오기 전에 무조건 빨리 식사를 마치는 것이 상책으로 보였다. 배식을 받아 식사를 할 때에는 천둥소리와 함께 장대비가 쏟아지고 말았다. 순식간에 쏟아지기 시작한 큰 빗줄기는 아욱된장국은 물론 맵거나 짜야할 반찬의 제 맛을 앗아가 버렸다. 식사를 빨리하기 위해 밥을 말아 놓은 된장국은 된장국이라기보다 맹물에 말아 먹는 기분이었고 철모의 앞부분에서 줄줄이 흘러내리는 빗물 또한 된장국물의 양을 늘리고 있었다. 어렵사리 밥알만을 건져먹을 수밖에 없는 형편이 되고 말았다.

판초우의를 꺼내 걸치긴 하였어도 대책 없이 내리는 비를 피하기에는 역부족이었으므로 겉옷과 속옷뿐만 아니라 군화 속의 양말에도 빗물이 스며들어 있었다. 마파람에 게 눈 감추듯 식사를 마치고 행군은 다시 시작되었다. 곧이어 비는 그치고 하늘의 구름도 물러가고 나자 변덕스러운 날씨는 어느덧 뜨거운 햇볕을 쏟아붓고 있었다. 한낮의 태양은 물론 지표면에서 올라온 열기와 습기 모두 우리들의 행군을 더욱 지치게 만들었다. 휴식시간에 물집을 터트려 놓은 발바닥 뿐 만 아니라 허벅지 안쪽의 사타구니가 매우 쓰라렸다.

우리들이 입고 있는 하얀 면 팬티가 빗물에 젖자 부드러운 천은 어느새 풀 먹인 삼베처럼 빳빳하게 변질되었다. 특히 그 끝자락은 면도날이 되어 한 걸음마다 허벅지 안쪽 사타구니를 베는 듯하여 그 때 마다 몸서리치도록 쓰라렸다. 팬티 끝자락과 살과의 접촉을 피하기 위해 가랑이를 벌려 걸어가면 그 아픔이 조금은

덜한 듯 했으나 그 모양새가 마치 똥 저린 놈 걷는 품새와 비슷해 보였다.

지나가는 행인이 없어 다행이었으나 승용차나 버스가 지나칠 때는 얼른 자세를 고쳐 행군할 수밖에 없었다. 팬티를 벗어버리고 갈 수 있었으면 좋으련만 주위를 둘러봐도 온통 들판이어서 이 한 몸 가릴 은신처라곤 없었다. 머리에서부터 흐른 땀방울은 쉴 틈 없이 등줄기를 타고 내려왔다. 완전군장을 멘 등에서는 쉰 냄새를 풍긴 지 오래되었건만 아직도 가야할 길은 멀다고 하였다.

마침내 야영지에 도착하자마자 살펴본 양쪽 사타구니에는 핏기가 서린 채 빨갛게 달아올라 있었으며 발바닥은 삶은 무처럼 하얗게 통통 불어 있었다.

비몽사몽

새벽시간대에 근무를 서고 나면 수면 부족현상이 그날 오후에 어김없이 찾아들었다. 운용과 사무실에서 책상에 앉아 있노라면 참을 수 없는 졸음이 쏟아지곤 하였다. 사무실에는 선임병장 외에 보좌관인 장교와 선임하사관과 함께 있었으므로 마음 놓고 졸수가 없었다.

선임하사관이나 선임병장의 경우에는 사무실과 딸려있는 방송실에서 그 졸음을 해결하기도 하였다. 서재로도 쓰이고 있는 방송실은 부대대장인 운용과장의 방을 통해서만 들어갈 수 있는 곳으로 출입문은 하나 밖에 없었다.

방송실에서 잠깐만이라도 눈을 붙이기 위해서는 부대대장이 자리에 없는 틈을 타서 들어가곤 하였으나 부대대장이 들어온 사실을 모른 채 자고 있다가 깨어난다 하더라도 부대대장이 사무실에 버티고 있는 한 밖으로 나올 수가 없었기 때문에 방송실에서 한두 시간정도는 꼼짝없이 갇혀 있기도 하였다.

방송실에서 자고 있는 동안에 보좌관이 찾을 경우에는 불가피하게 깨울 수밖에 없어 마치 부대대장한테 고자질한 것처럼 찜찜한 기분이었고 충혈된 눈과 침 흘린 자국이 선명한 얼굴로 나오다가 부대대장으로부터 호된 질책을 받기도 하였다.

사무실에서 졸음이 몰려 올 때에는 눈동자의 초점이 맞춰지지 가 않아 사물을 분간할 수 없을 정도였다. 졸음을 피해 밖으로 나와 보면 눈이 부셔 눈을 뜰 수가 없었을 뿐만 아니라 섬광 같은 아지랑이들이 난무하듯 보였다. 사무실에서 졸음을 해결할 수 없어 부대 뒷산기슭으로 가곤 하였다. 그곳에는 수송대대의 모든 차량들이 대피해 있었다. 차량 대피호가 척추에서 갈비뼈 나눠지듯 산줄기를 기준으로 양쪽으로 구축되어 있었다.

평소 대피호를 볼 때마다 대피호를 만들 당시 우리 선배들이 많은 땀을 흘렸겠구나 하는 생각을 가질 정도로 단단하게 구축되어 있었다. 대피호에 피신한 차량들은 적기의 공습을 피하기 위해 위장막을 쳐 놓았다. 트럭들은 월남전에서 미군들이 사용한 뒤에 우리나라에서 인수한 차량들로서 차량의 성능에 비해 외관이 낡았을 뿐만 아니라 문짝의 잠금장치 기능 또한 오래전부터 제 역할을 할 수 없었으므로 누구나 운전석에 들어갈 수가 있었다.

그렇다고 아무나 운전석에 들어가는 것이 허용된 것은 아니었으므로 운전병 몰래 운전석으로 들어갈 때에는 항상 주위를 살펴야 했다. 차량마다 지정된 운전병이 있었으므로 허락 없이 남의 차량에 들어갔다가는 어떤 봉변을 당할 수도 있기 때문이었다.

한여름의 오후는 대장간처럼 뜨거웠다. 산기슭의 버드나무 이파리들도 태양 볕에 시달린 듯 축 처져 있었고 이따금씩 불어주는 산바람은 목마를 때 마시는 시원한 청량음료 같은 것이었다.

차체는 이미 달궈져 있어 차량 문짝을 열자 후끈한 내부 열기가 얼굴을 감싸 안았다. 좌석은 앉을 수가 없을 정도로 너무 뜨거웠다. 문짝을 열어두고서 좌석의 열기를 식힌 다음 운전석과 조수석에 걸쳐 길게 누워 있노라면 만사가 해결된 것만 같았다. 햇빛을 차단하기 위해 작업모로 얼굴을 가리고 차량 문을 살짝 열어 놓았어도 목덜미에는 땀방울이 맺혀 흘러내렸다.

비몽사몽 속을 헤매고 있을 즈음 누군가의 인기척에 잠에서 깨어나 보니 이웃중대인 수송중대의 운전병이 인상을 쓰며 나를 지켜보고 있었다. 허락도 없이 남의 차에서 자고 있었으니 기분이 좋을 리 없었을 것이다. 차량 문을 열어 놓고 있었던 것이 발각된 원인이었다. 운전병의 몇 걸음 뒤에는 수송중대 선임하사관도 같이 있었다.

대대업무를 관장하던 행정병들은 중대가 다르더라도 장교나 하사관들이 대대사무실에 자주 들렀으므로 이들과는 낯가림할 처지가 아니었다. 나의 상의가 젖을 정도로 땀을 흘리면서 자고 있었던 모습이 안쓰러웠던지 혀끝을 차며 한낮에 이런 곳에서 잠을 자면 위험하다고 하였다. 한두 번 자본 것이 아니었으므로 그의 말에 괘념치 않았다.

사무실에 내려가니 이미 전 중대원들에게 연병장 집합명령이 내려진 이후였다. 사무실은 상황병 한 명을 제외한 행정병들이 연병장으로 달려 나가는 중이었다. 시간에 맞춰 대열에 합류할 수 있어 천만 다행이었으나 잠에서 깨어난 지 얼마 되지 않아 빨갛게 충혈 된 내 눈을 바라본 내무반장은 내게 무슨 일이 있었냐고 여러 차례에 걸쳐 추궁하듯 물었으나 머쓱한 표정으로 그의 질문을 대신할 수밖에 없었다.

유격훈련
- 무 서리

군인들의 강인한 정신력과 체력을 배양하기 위한 유격훈련은 군인들에게는 가장 힘든 훈련이었다. 사단에서 주관하는 이 훈련은 일 년에 한 번은 누구도 예외 없이 받아야만 하였지만 나는 유격훈련 대상자 차출업무를 직접 담당하고 있었기 때문에 전년도에 실시한 유격훈련대상에서는 빠질 수가 있었다. 유격훈련을 받고 전역한 병장들 중 일부를 미 이수자로 분류함으로써 유격훈련대상자 숫자를 어느 정도 조정할 수 있었기 때문이었다.

그런데 유격훈련을 마치고 돌아온 병사들의 무용담을 들어보면 훈련은 힘들었어도 일종의 성취감을 느꼈을 걸로 보였을 뿐만 아니라 군대에서 가장 힘들다는 유격훈련을 경험하지 않고 제대한다는 것은 3년 가까운 군복무가 자칫 무미건조할 수 있겠다는 생각이 들어 이번의 유격훈련에는 참여하기로 하였다.

훈련장이 위치한 나지막한 구릉지대의 갈참나무들은 한 때나마 붉게 물든 채 화려했을 것이라고는 전혀 짐작도 가지 않을 만큼 이미 빛바랜 낙엽의 신세로 전락되어가고 있었다. 군에서 맞이한

두 번째의 가을이 그 기력을 서서히 잃어가고 있었다. 그곳에서 내려다보이는 들판은 가을걷이를 마치고 머지않아 들이닥칠 겨울의 삭막함을 예견하고 있는 듯 황량한 모습을 드러내놓고 있었다.

유격훈련장을 중심으로 가장자리에 직할대대별로 캠프를 설치한 후 곧바로 계급장이 없는 훈련복으로 갈아입었다. 이 훈련복은 양 팔꿈치와 양 무릎, 엉덩이 부위에는 이중 천으로 덧 대여 있었다. 구보할 때의 헐떡거림을 방지하기 위하여 철모에는 천으로 두툼하게 꼬아 만든 턱 끈이 달려 있었다.

십여 명의 유격훈련 조교는 빨간 모자에 호루라기를 목에 걸치고서 사납게 우리들을 쏘아보고 있었고 훈련병들은 잔뜩 긴장하고 있었다. 군대가 계급사회인 만큼 계급이 모든 행위의 기준이 되고 그 기준에 따라 행위의 범주가 결정되는데도 유격훈련장 만큼은 예외가 인정되었다. 훈련복에는 계급장을 부착하지 않았으므로 빨간 모자의 유격조교는 지위 고참을 불문하고 사정없이 훈련을 시켰다.

스무 명 정도를 1개조로 편성하여 조교 두 명이 달라붙었다. 유격훈련에서 빠질 수 없는 PT체조가 수차례 반복되었고 '뒤로 취침, 기상, 앞으로 취침, 기상, 뒤로 취침, 좌로 굴러, 동작 그만, 우로 굴러' 조교의 핏대 돋친 목청은 훈련병들을 정신없게 만들었다. 선착순 구보에 이어 두 손을 뒤로 한 채 머리를 땅바닥에 박는 원산폭격이 시행되었다. 물론 논산 훈련소에서나 내무반에서 수시로 겪어 본 것들이었으나 이 얼차려는 장소를 불문하고 어디서나 힘들었다.

땀과 흙으로 범벅이 된 훈련복은 붉은 황토물이 배어들었고 이마에 흐른 땀으로 눈을 뜰 수 없었다. 휴식시간에 머리부위를 만져보니 정수리 부위의 피부 속에 굵은 모래 알갱이들이 박혀있었다. 원산폭격 시에 박힌 모래들이었다.

오후의 일과가 서서히 접어드려는 즈음에 선착순 구보를 시켰다. 몇 번이고 반복하였으므로 반복할 때마다 한두 명이 조교 몰래 숲속에 들어가 있다가 다음번에 합류하곤 하였다. 나도 지친 나머지 잠깐만이라도 쉬고 싶어 후미로 달리다가 조교의 눈을 피해 얼른 야산의 숲속으로 숨어들었다. 한 차례 쉬었다가 다음 차례에 합류할 계획이었으나 불운하게도 구보는 더 이상 반복되지 않았다. 인원점검이라도 하게 되면 초죽음이 될 것이 뻔했으므로 잔뜩 긴장하고 있었으나 다행히도 조교가 눈치를 채지 못한 것 같았다.

오후 일과시간이 얼마 남지 않았지만 숲속에서 나 혼자 무료하게 시간을 보낼 수밖에 없었다. 이곳 야산보다 높은 위치에 있는 건너편 훈련장에서 조교의 시야에 포착될 수도 있었기 때문에 이렇듯 낮은 포복자세로 숨어있어야 했다. 조교의 호루라기 소리와 훈련병들의 악쓰는 소리로 훈련장 곳곳이 떠날 갈 듯 하였다.

한편, 산기슭 끝자락을 일궈낸 밭에는 농부의 정성이 깃들어진 무가 땅속에서 솟아나듯 하얀 살덩이를 드러내놓고 있었다. 마른 목을 축이기에는 무 만한 것이 없을 것 같았다. 이십 여 미터밖에 떨어져 있지 않았으므로 단숨에 무를 뽑아올 수도 있었으나 자칫 멀리서 내려다보고 있을지 모르는 조교에게 들킬 염려가 있어 망설이고 있었다.

실행을 할까 말까 고민하고 있던 참에 내 위치로부터 몇 걸음 떨어지지 않는 곳에서 별안간 한 병사가 잽싸게 밭으로 숨어들더니 아가씨 종아리만한 무를 냉큼 뽑아서 다시 숲속으로 들어가는 것이었다. 타 부대 소속인 이 친구는 나보다 앞서 숲속으로 피신하고 있었던 것 같았다. 이 친구의 무사함을 보자 나도 용기를 낼 수 있었다. 나도 내친김에 한 걸음으로 달려들어 튼실한 무 하나를 쑥 뽑아내서 가슴으로 안고 다시 숲속으로 돌아왔다.

나의 이 모습을 이 친구도 보았겠지만 아무런 반응이 없었다. 서로 간에 모른 척 하고 있는 것이 상책으로 판단했을 것이다. 무성하게 자란 무청을 싹둑 잘라내고 껍질을 벗기자 푸르스름한 속살이 먹음직스럽게 드러났다. 어릴 적 시골 밭에서 무를 뽑아 먹어보곤 하였지만 이토록 무가 단맛을 내포하고 있었는지를 미처 알지 못했다. 절반 가까이 먹다보니 배도 부르고 그 맛도 처음과 달랐다. 아깝지만 나머지를 숲속에 두고 나올 수밖에 없었다.

밭주인이 나중에 이를 알게 되면 매우 속상해할 것이 틀림없겠지만 우선 눈앞에 보인 유혹을 떨쳐버리지 못하고 말았다.

유격훈련

- 건빵 세 개

유격훈련의 마지막 일정은 야간행군으로 짜여 있었다. 훈련종료 하루 전날 평소보다 일찍 저녁을 먹고 출발하였다. 붉게 물든 서녘하늘은 서서히 그 빛을 잃어가고 있었다. 완전군장차림의 긴 행렬이 비포장도로의 양쪽 가장자리를 점령하듯 앞으로 나아가고 있었다. 비포장도로와 산기슭이 거의 맞닿은 채로 평행선을 그리며 나아가다 한 지점에서 대열의 선두가 숲속으로 향하더니 마치 뱀의 꼬리가 자취를 감추듯 행군의 대열은 도로에서 사라졌다.

주위는 이미 어두웠을 뿐만 아니라 숲속이었으므로 시선은 단지 앞사람과의 거리를 최대한 좁히는 데에만 국한될 수밖에 없었다. 분대별로 한 개씩 주어진 손전등은 외부로의 불빛을 차단하기 위해 얇은 색 테이프로 가려져 있어 지척의 거리만을 밝히는데 그쳤다. 가파른 오르막길을 오를 때에는 자칫 앞사람과의 간격이 벌어질 수 있었기 때문에 앞 사람을 놓치지 않기 위해서 숨이 턱에 차도록 쫓아갔다. 오르내리기를 수없이 반복하였다. 정해진 시각마다 도달 목표가 정해진 만큼 선두의 인솔자는 그 책임을 다하기 위해서 쉼 없이 앞에서 끌고 가는 듯하였다. 늦가을의 싸늘한 밤공기는 달궈진 온몸의 열기를 식혀 주었다. 배낭을 멘 등에는 땀으로 젖어있었으므로 휴식시간이 끝날 즈음에는 몸을 움츠려들 정도로 한기가 엄습하였다.

자정이 지날 즈음 숲속을 벗어난 대열은 눈썹 같은 초승달에 의지한 채 산기슭의 끝자락과 밭을 구분해 놓은 좁은 길을 내려가고 있었다. 경사진 밭에는 무청이 융단처럼 깔려 있는 듯 보였고 그 밭 아래로는 고즈넉한 농가 서너 채가 희뿌연 밤안개에 감싸여 있었다.

그 밭을 통과할 즈음 후미에 있는 많은 대원들의 손에는 팔뚝만한 무 하나씩이 쥐어져 있었다. 땀 흘려 밭농사를 지었을 농부의 심정이 오죽 했을 지 짐작하고도 남을 일이었다. 구름 속에 감춰진 달빛은 더 이상 투과되지 못한 채 지상에는 짙은 어둠을 드리우고 있었다. 빈 뱃속에 채워진 무즙은 속 쓰림을 더하였고 기력은 바닥나 걸음마다 피곤함이 묻어나 있었다. 시냇물이 그 흐름을 멈추고 있는 시냇가의 자갈밭에서 라면을 끓여 먹었다. 아쉽게나마 허기를 달래자 눈꺼풀에 추를 달아 놓은 듯 눈을 뜰 수 없을 정도로 졸음이 밀려왔다. 그것도 잠시 어둠을 가르는 연이은 호루라기 소리에 눈을 뗄 수밖에 없었다.

산을 뒤로 한 채 들판을 가로질러 여명이 밝아 올 때 까지 줄곧 걸어 도착한 곳은 가을걷이를 끝낸 들판이었다. 언제 비를 뿌릴지 모르는 검은 구름이 하늘을 가리고 있었고 솜털 같은 안개는 들판의 황량함을 엷게 감추고 있었다. 논바닥은 아직 마르지 않아 신발 자국이 깊게 드러날 정도로 물렁하였던 탓에 이곳에 야전텐트를 설치하기에 적당하지 않았으나 다행히도 주변에는 추수하고 남은 볏단이 가지런히 쌓여있었다. 볏단을 헐어 논바닥에 두툼하게 깔아 놓은 뒤 텐트를 설치하였으나 방수용 판초우의가 팽팽하게 당겨지지 않은 상태에서 작업이 마무리 되었다. 분대원 전원이 한꺼번에 들어가 눕기에는 턱없이 부족한 공간이었다. 분대원이 나보다는 거의 선임들이었으므로 텐트 가장자리나마 간신히 옆으로 누울 수는 있어도 반듯하게 누울 수는 없었다. 반듯하게 눕게 되면 왼쪽 어깨와 팔은 텐트 밖으로 삐져 나 올 수밖에 없었다.

엎친 데 덮친 격으로 가을비 치곤 제법 많은 비가 내렸다. 텐트의 지붕에 떨어진 빗물은 바닥으로 흐르지 못하고 내가 누워 있는 바로 위에서 모아졌다. 시간이 지남에 따라 빗물의 무게를 못 이겨 그곳에 커다란 물주머니가 만들어 지고 있었다. 금방이라도 빗물이 쏟아져버리지나 않을까 걱정이 되었다. 잠들기 전까지는 물주머니를 손으로 올려쳐 빗물을 바닥으로 흘려버릴 수가 있었으나 마약 같은 졸음을 쫓아 낼 수는 없었다. 어느 한순간 눈을 뜨니 얼굴부위에 빗물이 뚝뚝 떨어지고 있었고 한 쪽 어깨와 팔은 텐트 밖으로 삐져나가 이미 빗물에 흥건히 젖어 있었다.

오후에 시작된 행군은 다시 산을 넘고 수많은 개울을 건넜다. 어제의 날씨와는 판이하게 달랐다. 진눈개비가 날리고 바람은 매서웠다. 예견하지 못한 갑작스런 기온의 변화로 적잖이 당황스러웠다. 사전에 겨울채비를 차리지 못하였지만 이러한 악천후도 이

틀날 새벽까지 이어진 행군을 방해할 수 없었다. 잠시 쉴 때마다 대원들의 머리와 등에서는 김이 모락모락 피어올랐다. 개울을 건널 때마다 얼어붙은 돌다리가 너무나 미끄러웠다. 새벽 시간대에 이르러서야 차량이 다닐 수 있는 비포장도로에 이르러 부대별로 해산하였으나 우리 부대까지 얼마를 걸어가야 하는 지 아무도 모르고 있었다. 다만 길 따라 줄곧 가면 부대 인근 마을이 나온다고 하였다.

눈보라를 피하기 위해 고개를 숙여 걷는 모양새가 마치 패잔병들 같았다. 쉬어 갈 만한 마땅한 곳도 없었고 추위와 배고픔은 잠시라도 시간적인 여유를 허락하지 않았다. 배고픔에 대한 무응답은 이마에 식은땀을 낳았고 곧이어 전원이 나가버린 전자제품처럼 나는 한 걸음도 걸어 갈 수가 없을 정도로 완전 탈진 상태가 되어가고 있었다.

그렇다고 매서운 눈보라가 몰아치는 이 추운 밤에 길도 모른 채 혼자 쉬었다 갈 수도 없었다. 새벽 시간대인 이 시간에 도로에서 100여 미터 정도 떨어진 한 농가에서 새어나온 전기불빛이 보였다. 나와 나란히 걷던 선임에게 전깃불이 켜져 있는 농가에서 음식을 얻어먹고 가자고 제안을 하자 나의 극한 상황을 알아차린 선임이 그때까지 호주머니에서 나뒹굴고 있던 건빵 세 개를 내게 주었다.

건빵을 삼키기도 어려울 정도로 입안은 바싹 말라 있었으므로 입 안에 넣고 있을 수밖에 없었다. 1~2분이 지나자 물렁해진 건빵을 겨우 삼킬 수가 있었다. 어느 순간 거짓말처럼 기력이 회복

되었다. 단지 건빵 세 개가 이렇게 대단한 지를 미처 몰랐었다. 건빵이 전투식량임을 실감할 수 있었다. 부대까지 무사히 행군할 수 있었던 것은 오로지 건빵 세 개의 덕분이었다. 군인이기 이전에 농부의 아들이었음에도 이번의 유격훈련으로 인하여 농부들에게 피해를 입힌 것은 두고두고 잊혀지지 않을 일이었다.

영화상영

사단사령부의 정훈참모실에는 정훈병이 따로 있었으나 직할대대인 수송대대는 정훈병이 있지 않았다. 수송대대에서 정훈병을 별도로 둘 정도로 정훈업무가 있는 것이 아니었기 때문에 대대교육계에서 그 업무를 보고 있었다. 장병들에 대한 정신교육을 담당하고 있는 사단사령부의 정훈참모실에서는 사병들의 사기를 높여주기 위해서 유명가수들이 참가한 위문공연 등을 주관하기도 하였고 한물간 영화필름으로 사병들의 애환을 달래주기도 하였다.

대대교육계를 맡고 있는 나는 한 달에 한두 번 정도 우리 부대의 병사들에게 영화를 상영해 주곤 하였다. 영화 상영을 위해서는 당직사령의 허락을 받아 지프차를 타고 사단의 정훈참모실에 영사기와 영화필름을 가지러 갔었다. 사단사령부에 들어갈 때는 가던 길에 으레 네 홉들이 소주 한 병과 말린 오징어포와 같은 술안줏감을 사가지고 들어가는 경우가 많았다. 오늘 한 번 보는 것만으로 끝나는 것이 아니었으므로 다음을 기약하는 의미가 있었기 때문이었다.

정훈참모실의 교재 창고에는 필름들이 들어있는 수많은 양철케이스가 조립식 칸막이에 즐비하게 진열되어 있었다. 케이스에 적힌 영화 제목은 사회에서 오래전에 상영된 것들이 많았고 어떤 것들은 전혀 들어보지 못한 제목들도 많았다. 사병들에게 보여줄 영화는 그 관람대상이 군인인 만큼 거의 국산 로맨스영화였다.

사령부에 영화 필름을 가지러 갈 때 미리 영화상영 계획을 양중대에 알려주었으므로 사령부의 정훈병과 함께 부대에 도착할 때는 연병장에 이미 많은 대대병사들이 집합해 있었다. 비가 오거나 추운 날이면 식당에서 영화를 상영하는 경우도 있었으나 한여름 밤에 연병장에서 시원한 밤바람을 맞으며 영화를 관람하는 것이 제일 좋았다.

2.5톤 트럭의 짐칸에 하얀 스크린을 설치하고 두 개의 스피커와 영사기에 전원만 연결하면 영화상영 준비는 다 끝난 셈이었다. 필름이 오래된 탓에 스크린은 밤하늘의 별빛처럼 반짝거렸고 줄무늬의 광선이 난무하여 선명한 화면을 볼 수가 없었다. 그뿐만 아니라 필름이 자주 끊어지는 경우가 많았다. 끊어진 필름은 미리 대비한 유리테이프로 접착하곤 하였으나 그때마다 관람객인 병사들의 집중력을 흩뜨려 놓고는 하였다.

영화 상영을 마치면 영사기와 함께 필름을 사령부에 반납하고 내무반에 들어서면 부대원들은 이미 잠들어 있었다. 조금은 피곤하였어도 전대대원들이 나로 인하여 오늘밤을 편히 보내게 되었다는 점에 보람도 느낄 수가 있었다. 병영생활에서 이런 보람을 느낄 수 있어서 매우 좋았다.

당시에는 내무반에 TV가 없었던 때라 영화상영이 병사들의 유일한 영화관람 수단이었기 때문에 대부분의 병사들이 즐거워했다.

물론 영화관람 자체도 즐거웠을 테지만 무엇보다 더 기대하였던 것은 영화 관람이 있는 날은 정식점호 대신 취침점호로 대신하였기 때문이었다.

취침점호란 내무반원이 침상에 침구를 덮고 누워있는 상태에서 내무반장이 당직사관한테 인원 보고만 하면 끝나는 점호로서 모든 병사들이 이를 좋아하지 않을 수 없었다. 영화 상영이 있는 날은 이러한 배려가 있게 됨을 알고 많은 병사들은 내게 수시로 영화 상영을 부탁하였고 어떤 이는 영화 상영을 위해 PX(구내매점)에서 빵과 음료를 사주기도 하였다.

영화를 보여주기 위해서는 대대당직사령의 승인과 사단 정훈참모실의 협조가 전제되어야 가능한 일이었지만 내가 얼마나 노력하느냐에 따라 성사될 수 있는 일이었기 때문에 그런 대접정도는 사양하지 않았다.

어느 날, 사단 정훈참모실에 신병이 들어왔는데 알고 보니 중학교 동기동창생이었다. 이 친구는 서울에서 명문대학을 졸업하고 사법시험 공부를 하던 중 그 뜻을 이루지도 못하고 뒤늦게 입대하여 내가 병장을 달고 있을 때 이병으로 들어왔던 것이다. 이 친구가 있는 이후부터는 사단 정훈참모실의 도움을 청하기가 훨씬 수월하여 영화상영 횟수가 빈번하였고 이때마다 취침점호를 실시하였으므로 병사들의 고단함을 조금이나마 덜어준 셈이었다.

빨래집게

내무반은 사병들의 침실이나 다름없었다. 일과시간대는 주로 연병장이나 야외에서 훈련을 받거나 작업을 하였고 일과를 끝내고서 내무반에 들어와 점호를 마치면 곧바로 취침에 들어갔기 때문에 내무반은 사병들의 취침이 주 용도라 할 수 있었다. 그래서 통로의 양쪽 마루공간을 침상이라 불렀다.

삼십여 명 정도가 일 개 소대를 구성하여 한 내무반에서 생활하였으므로 이들의 수면행태는 갖가지였다. 유달리 잠꼬대를 심하게 하거나 이를 가는 병사들도 있었고 대체적으로 코를 고는 병사들은 많았다. 특히 신참인 경우에 코를 많이 골았다. 취침구호가 떨어지자마자 한쪽에서 코를 고는 경우가 있어 누군가 확인해보면 대개가 신참들이었다. 일과시간대의 힘든 작업으로 인하여 피곤함이 닭 병처럼 밀려왔기 때문이었다.

코 고는 소리가 가장 역겨운 때는 상황이나 보초근무를 마치고 내무반에 들어온 새벽시간대였다. 다시 취침을 하려고 하여도 차디 찬 밤공기를 쐬고 온 탓으로 잠들기가 어려웠다. 잠들지 못한 시간이 너무나 아까웠다. 한두 시간 있으면 기상나팔이 울리게 될텐데 그때까지 뜬눈으로 보낸다는 것은 귀중한 시간을 무의미하게 허비하는 느낌이었다.

그렇지 않아도 잠들기가 어려운 때에 소대원들의 코고는 소리는 잠 정신이 들다가도 도망갈 수밖에 없게 만들었다. 모포를 둘러쓰고 있어도 수면을 취하기 어려울 때는 장본인을 흔들어서 코고는 소리를 일시적으로 중지시킬 수 있었지만 그 장본인이 고참일 경우에는 휴지로 귀를 막고 잘 수 있으면 다행이었다.

저녁점호시간에는 그날 새벽에 근무를 마친 고참들이 당시의 상황에 대해서 말하곤 하였다. 며칠 전에 부대배치를 받은 이병을 지목하며 코고는 소리에 한 숨도 못 잤다며 원망하듯 꾸짖자 여러 대원들이 수배중인 죄인을 찾아낸 듯이 이에 동조하며 맞장구를 쳤다. 신참의 코고는 소리가 뭇사람들과는 달리 유별나게 컸으므로 밤중에 근무를 마치고 들어오는 병사들은 잠 못 이루는 고통을 한두 번쯤은 겪었을 터였다.

본의 아니게 전소대원들에게 피해를 입히게 된 신참은 마치 죄라도 지은 양 몸 둘 바를 모르고 있었다. 자기의 치부에 대해 인민재판 받듯 모든 대원들로부터 비난을 듣게 되었으니 자대생활을 시작한 지 불과 며칠 밖에 안 되는 신참에게는 엄청난 정신적 부담으로 받아들였을 것이 확실해 보였다.

코를 골지 않기 위해 고민을 하지 않을 수 없었던 신참은 죽을 맛이었을 것이다. 소대원들의 한 마디 한 마디가 신참을 주눅 들게 하였다. 이러한 소대원들의 질타가 있는 이후부터는 점호가 끝나고 모든 대원들이 취침에 들어간 이후에도 신참만은 잠을 자지 않고 있었다. 베개에 머리만 닿으면 곧바로 코를 골았으므로 자기로 인하여 대원들의 수면을 방해하지 않기 위해서 대원들이 잠들 때까지 관물대에 몸을 기댄 채 한참동안 앉아 있기도 하였다.

어느 날 아침에 신참의 코밑에는 하얀 치약이 말라붙어 있었다. 신참의 마음고생을 엿볼 수가 있었다. 신참은 나름대로 코를 골지 않을 방도를 찾기 위해 고민한 듯 보였으나 저녁점호시간만 되면 어김없이 전날 밤중에 일어난 코골이에 대한 질책이 따랐으므로 이를 피할 수 있는 묘안이 있을 리 없는 신참에게는 그저 애처로울 뿐이었다.

어느 날 저녁점호가 끝나고 취침에 들어갔는데도 침상에 누운 신참에게서 아무런 소리가 나질 않았다. 가여워 보인 신참의 코에는 저주스런 플라스틱 빨래집게가 달려 있었다. 그 빨래집게의 주둥이는 마치 먹이를 물고 있는 사마귀처럼 양 콧날을 물고 있었다. 오죽하면 저럴까 싶었다. 이를 보고 있는 자체가 부담스러웠다. 빨래집게를 제거해 주었다. 그 다음날에는 빨래집게 대신 둘둘 말아진 화장지가 양 콧구멍을 막고 있었다. 코로 숨을 쉬지 않고 입으로만 숨을 쉬겠다고 하는 신참의 노력이 참으로 가상하기도 하고 애잔해 보였다. 내무반에서 고참의 위치에 있었던 나는 더 이상 신참의 코골이에 대해서 언급하지 말도록 하였다.

이튿날 신참이 내게 다가와서는 어제 자기의 처지를 이해해준 것에 대해 감사하다고 말하였지만 그의 얼굴에는 아직 가시지 않은 난감한 표정이 역역해 보였다.

반성문

저녁점호가 끝나면 중대본부의 시선이 차단된 침상 한쪽 끝에는 일주일에 한두 차례 고참들의 술자리가 마련되었다. 술자리에 참여한 자체만으로도 신분상승을 의미하였다. 병장들 중에서도 고참들만이 술자리의 멤버가 될 수 있었다. 이들은 내무반에서 담배를 피울 수 있는 군번이기도 하였고 저녁점호 시에는 내무반원 누구한테도 간섭을 받지 않았다.

고참들의 염장무 씹는 소리에 침을 삼키면서 잠을 설쳤던 신참시절이 까마득하건만 어느새 인고의 세월이 흘러 그 파티의 일원이 된 나는 염장무 뿐만 아니라 비록 노란 기름덩어리가 식어 달라붙은 햄 부스러기일망정 쓰디 쓴 소주의 뒷맛을 중화시키기 위해 숟가락질을 연방 할 수 있는 고참만의 특권을 누리고 있었다.

술자리에서의 잡음은 침상의 소대원들을 쉬이 잠들지 못하게 하였다. 눈은 감고 있어도 입안에 고인 침을 염장무 대신 삼키고 있을 것으로 짐작되었다. 고참들의 특별한 배려가 없으면 병장이라도 초임의 경우에는 그저 인내력을 발휘할 수밖에 없었다.

당직사관이 모른 척하는 경우도 있었으나 이를 용납하지 않은 당직사관도 있었으므로 그날의 당직사관이 누구냐에 따라 술자리

여부가 결정되기도 하였다. 당직사관이 하사관인 경우에는 술자리를 적당히 묵인해 주면서 귀한 술을 한두 잔 축내기도 하였으나 학군단 출신 장교들은 이를 전혀 허락하지 않았다. 우리중대에는 두 명의 학군단 출신인 소위와 중위가 소대장을 맡고 있었다. 학군단 출신 장교가 당직사관인 때에는 당직사관의 거취를 보아가며 술자리를 마련할 수밖에 없었다.

이날은 옆 소대의 소대장을 맡고 있는 학군단 출신 소위가 당직사관이었으므로 그냥 자는 편이 좋았으나 제대를 한 달 정도 남겨놓은 말년고참이 4홉들이 소주 한 병을 관물대에서 꺼내 놓을 즈음 취사병이 이면수어 국물과 염장무를 담은 플라스틱 식기를 당직사관 모르게 내무반으로 들고 오는 바람에 자연스럽게 술자리가 마련되고 말았다.

맘은 내키지 않았으나 고참의 참여 권유도 있었던 만큼 이를 무시할 형편이 못되어 옆 소대 고참 병장 두 명을 포함 네 명이 자리를 함께 하였다. 당직사관의 성질을 잘 알고 있었기 때문에 조심스럽게 망을 봐가며 술을 마실 수밖에 없었으나 반합 뚜껑으로 몇 순배 돌리자 당직사관에 대한 경계심은 느슨해지고야 말았다.

4홉들이 소주 한 병이 바닥을 드러낼 쯤 소위의 발걸음이 이쪽을 향하고 있음을 감지할 수 있었다. 현장을 정리하기엔 이미 늦어 버린 탓도 있었겠지만 고참 병장으로서의 위신상 현장을 감추기 위해 바동대는 모습까지 보일 필요는 없을 것 같아 그냥 겸연쩍게 앉아 있었다. 소위는 어이없다는 표정을 짓고선 지금 당장 반성문을 써서 중대본부로 제출하라는 말만 남기고 가버렸다.

부대에 전입한 지 두세 달 밖에 안 되는 새내기 소위의 경우 고참 병장에 비하면 군대생활에 있어서 한참 차이가 난 만큼 고참들이 의도적으로 이들을 무시하는 경향이 있었으므로 고참들에 대한 감정이 좋지 않았던 것이 사실이었다. 소위 입장에서는 무언가 시빗거리를 만들려던 참에 우리가 잘 걸려들었는지 모를 일이었다. 소위일망정 그의 지시는 계급사회인 군대에선 지상명령이었으므로 이를 거역한다는 것은 있을 수 없는 일이었다.

그렇다고 순순히 이를 받아드리기엔 고참으로서의 자존심이 걸린 사안이었으므로 반성문 제출시간을 최대한 지체할 작정으로 필기도구도 잡지 않은 채 소위의 눈치만을 보고 있었다. 반성문 제출 기미가 보이지 않자 다시 한 번 기회를 주겠다면서 5분 안에 반성문을 작성하여 제출토록 하였다.

소위의 표정으로 보아 더 이상 버티었다간 좋을 것 같지가 않아보였다. 우리는 못 이긴 척하며 반성문을 쓰기로 하였으나 쓸만한 종이가 있을 리 없었다. 물론 중대본부에 가면 종이를 구할 수가 있었으나 구태여 그렇게까지는 하고 싶지는 않았으므로 호주머니에서 꺼낸 담뱃갑을 풀어 내부의 은종이 뒷면에다 괴발개발 흘려 작성한 반성문을 소위에게 제출하였다.

구깃구깃한 은종이에 흘려 쓴 글씨의 반성문을 본 소위는 반성은커녕 일종의 반항이라고 판단한 듯 소위의 얼굴이 갑자기 붉으락푸르락 변하고 있었다. 소위는 우리들에게 영창을 갈 것인지 아니면 벌을 받을 것인지 둘 중 하나를 선택하라고 하였다. 영창 가는 것 보다는 백 번 벌을 받을 일이지만 미리 갖다 놓은 곡괭이 자루를 보니 긴장하지 않을 수가 없었다. 군대생활 30개월이 되어가는 동안 곡괭이 자루의 독한 맛을 이미 잘 알고 있었기 때문이었다.

첫 번째 대상인 나는 한 대 한 대 맞을 때 마다 이를 앙다물 수밖에 없었다. 소위의 감정이 실린 곡괭이 자루는 콩 타작 시에 도리깨질 하듯 허공을 가르면서 허벅지를 가격하였다. 소위의 도리깨질은 10번째에서 멈추고 다음으로 이어졌다. 소위도 지쳤는지 중간 중간에 호흡을 가다듬고 땀을 닦곤 하였다.

괜한 오기를 부린 탓에 이런 수모를 당하고 보니 우리의 행동이 참으로 어리석었다는 생각이 들지 않을 수 없었다. 그나마 다행인 것은 취침시간이 한참 지난 시간대에 벌어진 일이어서 소대원들이 우리의 비참한 모습을 아무도 모른다는 것이었다.

어기적거리면서 내무반으로 돌아와 살펴본 허벅지에는 붉은 핏기가 화선지에 먹물 번지듯 스며들어 있었다. 이튿날 아침에 일어나긴 했으나 걸을 수가 없었다. 하얀 면 팬티에는 피가 묻어있었다. 뜨김을 쐬면 좋다고 하여 암모니아 냄새 풀풀 나는 화장실에서 한참동안 엉거주춤한 자세로 쭈그려 앉아 있어보기도 하였다.

소대원들이 전령을 통해 사온 연고를 발라주기도 하였으나 불쌍한 허벅지의 푸른 멍은 한동안 가시질 않았다. 도대체 어느 때가 되어야 그놈의 곡괭이 자루의 만행에서 벗어날 수 있을는지 모르겠지만 이번이 마지막이기를 간절히 바랄뿐이었다.

초소순찰

심야시간대의 상황실 근무자는 대개가 졸면서 근무하였다. 더구나 추운 겨울철에는 의자에 앉아 모포를 뒤집어 쓴 채 잠을 자기도 하였다. 상황병이 주로 하는 일은 사단 사령부로부터 걸려온 전화를 받거나 매시간 교체하는 야간 초소 근무자에게 실탄을 나눠주고 회수하는 일이어서 심야시간대의 무료한 시간을 졸음으로 채울 수밖에 없었다.

당직사령도 부대대장 집무실에서 일찍 취침에 들어갔으므로 당직사령에게 들킬 일 없이 수면을 취할 수 있었고 설령 당직사령에게 발각된다하더라도 크게 나무라지는 않았다. 다만 마른 체격에 키가 크고 도수가 높아 보이는 검은 뿔테 안경을 쓴 학군단 출신의 중위는 이를 용납하지 않았다.

이 학군단 출신 중위가 이날 당직사령인줄 몰랐던 나는 새벽시간대에 상황실에서 예전과 마찬가지로 모포를 둘러쓴 채 책상에 얼굴을 묻고 졸음에 취해있었다. 불운하게도 이날 밤 당직사령한테 적발된 상황근무수칙 위반자는 병장인 나뿐만이 아니었다. 운용과에서 함께 근무하는 상병도 적발되었다.

나와 상병은 중위의 지시에 따라 아침점호시간대에 팬티차림으로 영내화만을 신은 채 중대본부에 있게 되었다. 병사들이 중대본부를 들락거릴 때마다 바깥의 찬 공기는 하얀 수증기로 변하여 실내로 빨려들고 있었다. 중위를 뒤따라 밖으로 나가니 칼날 같은 냉기가 온몸에 엄습해 왔다. 주위가 어두운 연병장에는 전중대원들이 간밤에 내린 눈을 치우기 시작하였다. 쌓인 눈은 발목까지 차올랐으나 바람이 매섭게 불지 않은 것이 다행이었다. 물 빠짐이 좋은 하늘색 고무신 속으로 눈이 스며들었다. 금방 닭살 피부처럼 온몸에는 작은 돌기가 돋아났다. 상체를 잔뜩 움츠려 새우등을 한 채 중위가 이끄는 대로 끌려갔다.

중위는 우리와 함께 대대외곽의 산등성이에 위치한 초소를 순찰한다고 하였다. 상황병이 실내에서 졸고 있을 때 어둠과 추위 속에서 고생하고 있는 초소근무자들을 눈으로 보아야한다는 것이었다.

작년 겨울에는 우리 소대원 전원이 팬티차림에 영내화를 신고 부대 밖의 냇가로 나가 얼음을 깨고 물속으로 들어가는 얼차려를 받은 적도 있었다. 당시 날씨가 매우 추웠는데도 구보를 하게 되어 그 추위를 견딜 수가 있었으나 영내화에 남은 물기로 인하여 발이 시려 견딜 수가 없었다.

영내화를 신고 눈밭을 걷는 것 역시 발가락을 마비시켰다. 초소까지 오르는 비탈진 산길은 영내화를 신고서는 좀처럼 오를 수가 없었다. 얼굴이 유난히 검어서 만딩고라는 별명을 가진 상병의 얼굴에는 하얀 솜털과 함께 닭살 같은 돌기가 돋아있었고 그의 영내화는 헐겁지만은 않았을 텐데도 산길을 오르다 눈 속에 신발을 자주 빠뜨렸을 뿐만 아니라 미끄러지기까지 하였다.

중위는 죄인을 압송하듯 앞서가면서 우리에게 빨리 따라오라고 재촉하였으나 한 발 한 발 따라가기가 쉽지 않았다. 미끄러져 넘어질 때마다 맨살에 닿은 하얀 눈은 솜털 같았지만 악마의 발톱을 숨기고 있었다.

부대 뒷산의 정상을 중심으로 능선에 걸쳐 설치된 부대외곽의 철조망 건너편으로는 낭떠러지의 급경사를 이루고 있는 반면에 철조망 안쪽으로는 완만한 경사를 이루고 있었다. 철조망을 따라 네 군데의 초소가 있었고 초소와 초소 간에는 능선을 따라 좁은 오솔길로 연결되어 있었다. 더구나 오늘은 눈으로 덮여 있어 조심하지 않을 수 없었다. 철조망 안쪽으로는 대체로 경사가 완만하였어도 군데군데 경사가 급한 작은 비탈면이 있었기 때문이었다.

중위의 발자국을 놓칠세라 바짝 따라붙어 걷던 상병이 그만 미끄러져 두 길 정도의 아래로 나뒹굴고 말았다. 누구의 도움도 받을 수 없는 갑작스런 상황이다 보니 상병은 그만 눈밭에 묻힌 꼴이 되어버렸다. 그 와중에도 눈 속에 파묻혀버린 신발을 찾으려고 안절부절못하고 있었다. 간신히 찾은 신발을 들고 눈을 뒤집어 쓴 채 기어서 올라 온 상병은 눈물을 글썽이고 있었다. 중위는 장갑으로 상병의 머리에 묻은 눈을 털어주기도 하였으나 그렇다고 중위에 대한 서운함이 눈 녹듯 녹아내릴 것 같지는 않아 보였다.

중위 뒤를 팬티차림으로 졸졸 따라가는 우리의 느닷없는 출현에 의아한 표정을 지으면서 동정어린 눈빛으로 우리를 바라보는 초소근무자에게 창피함을 느꼈다. 고참병장으로서 수모를 당하는 기분이었고 비애감마저 들었다. 두터운 방한모와 방한복으로 무장한 초소근무자가 좋아보였던 순간이었다.

얼마 남지 않은 군대생활이건만 이 한겨울이 마냥 길게만 느껴졌다. 잊혀지지 않을 또 하나의 사연을 가슴 깊이 새기고 있었다.

안티푸라민

제대를 한 달 남짓 남겨두고 있을 때부터는 어느 때 보다 하루하루가 길게만 느껴졌다. 내가 맡았던 대대교육계 업무를 조수한테 인계하였기 때문에 사무실에 내려가지 않아도 운용과장을 비롯한 보좌관과 선임하사관이 찾지를 않았다. 사무실에 내려가 윗사람들 눈치 보며 사무실에 앉아있는 것도 고역이었다. 대신에 중대본부에서 실시하는 교육을 받는다든가 아니면 사역에 동원되어 나가는 것이 오히려 정신적으로 부담이 적었다. 아무튼 군대에서 맞이하는 마지막 겨울의 12월을 그 어느 때보다 할랑하게 보내고 있었다.

12월의 막바지에 이르러 연례적인 수송대대 축구대회가 열렸다. 근무중대가 수송중대를 이겨서 받은 상금을 놓고 또 다시 근무중대의 소대 간 겨뤄서 이긴 소대가 상금 전액을 갖기로 하였다. 한 번의 경기에서 이긴 우리 소대는 다음날 마지막 경기를 남겨놓고 있었다.

이날 저녁점호가 끝나자마자 내무반장을 맡고 있던 나는 소대원 전원을 상대로 군기를 잡게 되었다. 우리 중대의 유일한 단기하사였던 내무반장이 제대한 지 6개월 전부터는 병장급 분대장들이 돌아가면서 내무반장을 맡고 있었다. 군기를 잡게 된 주된 이유는 일병에서 갓 진급한 상병이 고참들의 행패에 대해서 불만을 표시하였다는데 그 요지는 사회에서는 별 볼일 없는 자들이 군대 들어와서 출세했다는 것이었다. 이 말을 직접 들은 것은 아니었지만 그 진위를 떠나서 평소 이 상병의 소행으로 보아 충분히 그런 말을 했을 거라는 심증을 갖기에 충분하였다. 귀공자 타입의 상병은 서울의 명문대학교를 다니다가 입대하였는데 수송대대 병사들 중에는 가장 학력이 좋았고 그런 까닭에 일부러 티를 내는 것은 아니었지만 은연중에 거만함을 드러내는 경우가 없지 않았기 때문이었다.

상병의 이런 발언은 상병의 바로 위 고참인 신임 병장들을 두고 한 말이라는 것을 상병과 같은 사무실에서 근무하는 일병이 내게 알려 주었다. 그렇다 치더라도 이를 묵과해서는 안 될 것 같았다. 이를 기회로 그동안 내무생활에 있어서 맘에 들지 않았던 사항들을 하나하나 들춰가면서 전 소대원들을 상대로 얼차려를 시켰다.

단체 얼차려가 끝난 다음 침상이 구석진 곳에서 상병을 별도로 불러 교육을 시켰다. 내가 교육을 시키지 않는다면 신임병장들이 상병을 가만 두지 않을 것 같았기 때문이었다.

다음날 아침 점호시간에 인원점검을 해보니 상병이 보이지 않았다. 상병이 침상에 누워있다는 것이었다. 나는 가슴이 철렁함을 느꼈다. 만일 상병에 대한 구타행위가 드러나게 되면 제대말년에 어떤 문책이 닥칠지 모르기 때문이었다. 어젯밤에 상병을 교육시

킨답시고 늘 해왔던 대로 가슴부위와 아랫배에 서너 대 가격했을 뿐인데 이렇게까지 못 일어날 정도는 아니라는 생각이 들었으나 얼른 내무반으로 돌아와 정황을 살펴보니 가슴부위에 심한 멍이 들어 있었다. 속병이 아니어서 병원 갈일은 아닌 듯싶어 다행이었다. 다만 오늘 있을 축구경기에 상병이 골키퍼를 맡게 되었는데 이런 상태로는 불가능할 것 같았다. 이 친구 이외에는 골키퍼를 볼만한 병사가 없었다. 어제 우리 소대가 이길 수 있었던 것은 우리 소대가 공을 잘 차서라기보다는 전적으로 이 친구의 덕이라고 할 정도로 골키퍼의 실력이 남달랐기 때문이었다.

이 친구가 불참하게 되면 승산이 없는 경기였다. 구타행위에 대한 미안함이 들기도 하였고 축구경기에 대한 염려를 하지 않을 수 없어 아침 일찍 정류장이 있는 면소재지로 나가 약국을 찾았으나 문이 잠겨있었다. 유리 창문을 한참 두드린 끝에 잠에서 덜 깬 듯한 아주머니로부터 안티푸라민을 사가지고 왔다. 졸병에게 심부름을 시키지 않았던 이유는 부대 정문에서 아무나 내보내주지 않았기 때문이었다. 이른 아침의 차가운 겨울바람을 맞으며 안티푸라민을 사가지고 와서 상병의 통증부위에 발라주었다.

어젯밤 나한테 별도 교육을 받았던 상병을 신임 병장들이 가만두지 않았던 것이었다. 내가 잠든 사이에 신임 병장들이 상병을 밖으로 불러내서 또 한 차례 구타한 사실을 또래 상병이 내게 알려주었다. 그들의 감정을 이해 못할 바가 아니었기 때문에 내가 비록 내무반장이었지만 신임병장들에게 이를 탓할 수도 없었다. 다만 오늘 있을 축구경기를 감안하지 않은 것에 대해서는 주의를 주면서 오늘 우리소대가 축구경기에서 지게 되면 가만두지 않겠다고 으름장 놓았다.

가슴부위의 통증으로 힘들어하였는데도 상병에게 골키퍼를 맡기지 않을 수가 없었다. 반강제로 골키퍼를 맡기긴 하였으나 힘겨워하는 모습이었다. 상대방이 찬 공이 골키퍼에게 날아 갈 때마다 마치 내 가슴이 아픈 것처럼 조마조마하였다. 골키퍼로서 최선을 다하였건만 우리소대는 지고 말았다. 그 아픔을 참고 경기에 참여해준 상병이 그저 고마울 따름이었다.

사촌동생

군대생활 중 면회만큼 기분 좋은 일은 없을 듯싶다. 면회 장소가 영내에 별도로 마련되어 있었으나 특별한 경우를 제외하고는 대부분 부대 밖으로 나갈 수 있었고 토요일 오후에 면회를 신청하게 되면 외박도 가능하였다. 면회를 신청한 사람은 부모를 비롯한 가족들이 대부분이었으나 애인이나 친구들도 면회를 신청하는 경우도 많았다.

수송대대의 운전병과 정비병들은 차량정비가 주된 일과였기 때문에 운전병과 정비병들의 손톱 밑에는 항상 까만 기름때가 끼여 있었고 손가락 마디의 주름에도 그 흔적들을 발견할 수 있었다. 이들에게 면회가 신청되면 가장 먼저 손톱 밑의 기름때를 제거하는 것이 급선무였다.

부모님이 계시는 우리 집이 부대와 너무 멀리 떨어진 탓도 있겠으나 하루정도 외박해서 호사를 부릴 만한 존재가 아님을 잘 알고 있었으므로 부모님께 아예 면회하러 오실 필요가 없다고 미리 다짐을 드린 바 있어 제대말년까지 외출이나 외박 한 번 못하고 제대를 하게 될 형편이었다.

제대할 날이 한 달도 남지 않았던 어느 토요일 오후에 서울에서 직장 생활하는 사촌동생이 그의 친구 두 명과 함께 나를 면회하러 왔었다. 생각지도 않았던 일이 제대말년에 일어났던 것이다. 이왕 면회를 올 바에는 졸병 때 왔으면 좋았겠지만 늦게나마 와 준 것만이라도 감사할 뿐이었다.

제대 말년에 면회신청을 받게 됨으로써 외출 한 번 못 해보고 제대할 줄 알았는데 다행히도 그런 궁상을 면할 수 있어 좋았다. 일 년 전쯤에는 서울에서 대학을 다니는 한 마을의 형뻘 되는 선배가 자기의 여자 친구와 함께 나에게 면회를 오긴 하였으나 주중이라 외출은 허락되지 않았었다.

이번의 경우는 주말에 면회신청을 하였으므로 외출은 가능하였으나 부모가 아니라는 이유로 외박은 허락되지 않았다. 나와 동생 일행은 부대로부터 걸어서 10여분 거리에 위치한 버스 정류장 인근의 한 음식점에서 모처럼 만의 자유를 만끽하였다. 해가 지고 서울 행 마지막 버스가 시동을 걸어놓고 대기하던 밤늦은 시간까지 술을 마시면서 시간을 보냈다.

잔뜩 취기가 오른 상태에서 부대로 돌아오니 내무반에서 당직사령이 소대원들과 잡담을 하고 있었다. 외박을 허락해 주지 않았던 당직사령에게 서운한 감정이 있었기에 다짜고짜로 당직사령한테 외박을 허락하지 않는 이유를 따지듯이 물었다. 서있는 자세부터가 예사롭지 않은 나를 아예 상대하지 않으려는 듯 당직사령은 자리를 피해 버렸다.

제대말년에 대한 당직사령의 배려였을 것이다. 감당하기 어려울 정도로 술을 많이 마신 탓에 정신이 혼미하였고 이 한 몸 가누기도 힘겨웠다. 섭섭한 심정을 그 당직사령한테 하소연이라도 할 작정으로 이 내무반 저 내무반을 싸다니면서 당직사령을 찾아보았으나 찾지 못했다.

우리 내무반에 돌아와 소대원들에게 고백성사 하듯 그간의 나의 행실에 대해서 부질없는 구실을 내놓았다. 너희들 보다 단지 군대에 먼저 왔을 뿐인데 고참이라고 이렇게 떠들고 있지만 제대하고 사회에서 만나게 되면 너희들에게 말도 올려야 한다면서 그동안 고참 행세 했던 것에 대해서 미안하다고 하였다. 내무반 앞 화단에 울렁거린 속을 비우고서야 잠을 청할 수가 있었다.

이날 동생으로부터 면회신청을 받자 집에서 신을 새 군화 한 켤레를 군수물품 담당병사한테 부탁하여 종이박스에 담아 밖으로 가지고 나갔다. 눈 내리는 겨울철 시골에서 군화의 쓰임새가 많았기 때문이었다. 제대할 때는 군화를 신고 갈 수 없어 미리 집에다 갖다 놓을 심산이었다. 군화나 군복 등 군수물자를 밖으로 반출할 수가 없는데도 민간인에게는 검열이 소홀할 것 같아 동생으로 하여금 시골 우리집에 갖다 놓게 할 목적이었다.

이날 나와 헤어진 후 서울 가는 경춘가도의 한 검문소에서 버스선반에 올려놓은 종이박스가 적발되어 동생 일행은 버스에서 내리게 되었는데 헌병들은 이 군화의 반출경위에 대해서 따져 물었으나 동생은 내 신상에 혹시나 잘못되지 않을까하여 출처 밝히기를 거부하자 헌병들로부터 심한 구타를 당하였고 헌병들은 구타에 대한 보상으로 군화를 가져가도록 하였다는 사실을 제대 후 동생이 내게 말해 주었다.

하찮은 군화 한 켤레에 대한 나의 물욕이 동생에게 못할 일을 시켜 놓고 말았던 것이었다. 형한테 면회 와서 형 때문에 몰매 맞는 꼴이 되고 말았으니 '동생의 아픈 마음이 오죽 했었을까!' 제대 후 그 군화를 신을 때마다 가슴 아픈 상황이 그려지곤 했다.

사라진 추억

군대에서 보내는 마지막 겨울이 맹위를 떨치고 있었건만 그 어느 해보다 여유 있게 이 한겨울을 맞이하고 있었던 것은 며칠 있으면 제대할 것이라는 나만의 들뜬 기대감이 있었기 때문이었다.

모든 병사들의 염원인 제대특명이 사단사령부로부터 내려왔다. 일주일 남짓 남겨 놓은 34개월 동안의 군대생활을 마무리하여야 할 때가 되었던 것이다. 많은 선배들이 2~3주 간격으로 제대를 할 때마다 나에게도 저런 기회가 오기는 할까 하는 생각마저 과분했던 시절에 까마득한 먼 훗날을 그리며 그들을 한없이 부러워 했던 지난날들이 주마등처럼 스쳐갔다.

입대 하루 전날 고향집 대문 밖에서 전송해 주시면서 안쓰러워 하시던 부모님의 표정과 집결지로 향하는 버스 차창 너머의 마을이 점점 멀어질수록 한동안 고향을 잊어버려야 된다는 체념에 빠져 잠시 눈시울을 적시었던 순간들 그리고 여인숙을 미리 정하고 나서 삭발한 후 여인숙에 들어서자 달라진 내 모습을 몰라보고 방이 없다기에 조금 전의 외모를 설명해 주자 겸연쩍게 웃던 주인아주머니의 모습 등이 어제의 일처럼 생생히 떠올랐다.

먼 미래의 일로만 여겨졌던 자연인으로서의 귀향이 일주일 후의 현실로 다가오고 있었고 이제까지 온갖 수모를 당하면서도 오직 이 날만을 위해 참고 견뎌온 지난날들을 가을바람에 벼쭉정이 날려버리듯 미련 없이 날려 보내고 싶었다.

특명을 받은 때부터는 모든 일과에서 열외로 인정하여 주었다. 영내에서만큼은 자유스럽게 행동할 수 있었고 간부들도 간섭하지 않았다. 제대말년 병장에 대한 단 한 때의 마지막 배려라고 할 수 있었다.

제대하면 다시는 오고 싶지 않는 곳일망정 막상 떠나려고 하니 눈에 보인 모든 것들을 다시는 못 본다는 생각에 아쉬움이 느껴졌다. 이런 아쉬움이 나만의 감정은 아니었다. 12톤 대형유조차를 운전하는 제대동기가 큼지막한 기계식 카메라를 어디선가 빌려왔다. 이런 카메라를 다뤄보지 못한 나는 필름을 끼어 넣는 것도 생소하였다.

동기는 입대하기 전에 필름을 넣어 본 경험이 있었던 것처럼 손놀림이 서툴지 않았음에도 필름을 카메라에 넣은 후 정작 셔터를 누를 때는 필름이 돌아가지가 않았다. 몇 차례의 반복을 거쳐 필름이 돌아간 듯하자 관광객처럼 가벼운 마음으로 카메라를 어깨에 메고 사진 찍을 대상을 찾으러 나섰다. 부대 내의 이곳저곳을 다니면서 과거의 자취를 빠짐없이 카메라의 필름에 담았다. 내무반과 사무실에서 많은 후배들과 함께한 순간을 추억으로 간직하기 위해 셔터를 분주히 눌러댔다.

우리 부대에서는 기갑부대나 수색대대에서 흔히 볼 수 있는 장갑차나 자주포와 같은 무기가 없었으므로 고작 군용트럭을 사진의 배경으로 삼아 포즈를 취할 수밖에 없었다. 제대 후 누군가에게 보여 질 사진의 배경이 군용트럭만으로는 아쉬움이 많을 것 같아 이웃부대인 수색대대와 발칸포대를 찾아가 장갑차와 발칸포를 배경으로 사진을 찍기도 하였다. 미련없이 떠나야할 병영이었건만 먼 훗날의 추억으로 간직하고자 한 동안의 젊음을 바쳤던 현장들을 필름 한 통에 가득 채워 두었다. 한 컷 한 컷이 그간의 노고에 대한 보상 같은 것들이었다.

이렇듯 중요한 필름을 동기가 가져간다고 하였다. 물론 동기가 빌려온 카메라였기 때문에 이 필름은 동기가 가져가야한다는 것이 당연함에도 이 필름을 동기에게 맡길 경우 혹시라도 사진을 못 받아볼 수도 있다는 불순한 생각이 들었다. 어떻게든 내가 이 필름을 가지고 나가야 할 것 같았다. 동기에게 기필코 보내주겠다는 약속을 굳건히 하고서 어렵사리 그 필름을 내가 가지고 나올 수가 있었다.

제대 후 집에 온 지 이튿날, 고향의 어느 사진관에 그 필름을 맡기고 며칠 후에 사진을 찾으러 갔다. 사진을 빨리 찾아서 부모님과 동생들에게 보여주고자 하였고 후배들에게도 사진을 하나하나 보여주면서 나의 군대 이야기를 들려줄 참이었기 때문에 잔뜩 기대를 하고 있었다.

사진관에 들어서자 사진관 주인은 내게 어이없는 표정을 지으면서 그 필름을 쭉 펼쳐 보였는데 뭔가 잘못되었음을 직감으로 느낄 수가 있었다. 주인이 보여준 그 필름에는 흔히 필름에서 볼 수 있는 현상부분은 전혀 보이지가 않고 완전히 까만 상태였기 때문이었다. 필름이 감기지 않은 채 셔터만 눌렀기 때문에 사진이 전혀 찍혀 있지 않았다고 하였다.

부대에서 사진 찍을 당시 뭔가 미심쩍었지만 그렇다고 필름뚜껑을 열어 볼 수도 없어서 그대로 셔터를 눌렀던 것인데 미상불 이렇게 되고 보니 망연자실하지 않을 수 없었다. 필름을 넣었던 동기가 원망스럽기 한량없었으나 나를 철석같이 믿고 사진을 기다리고 있을 동기에게 무어라고 말을 해야 할지 오히려 내가 난감할 뿐이었다. 며칠 지나서야 나와 마찬가지로 잔뜩 기다리고 있었을 그 친구에게 그간의 사정을 말해주었으나 실망만을 안겨줄 따름이었다. 3년 가까운 군대생활에 대한 기억들이 한순간에 날아가 버린 것 같아서 너무나도 허망하고 실망스러웠다.

땀 흘려 젊음을 바쳤던 병영에서의 생활상들을 어떻게든 남겨 놓아야만 그 허전함을 보상받을 수 있을 것 같았다. 입대하면서부터 제대하기까지의 애환이 깃든 고단한 사연들을 면면히 캐내어 지면에 남겨두어야겠다는 이유가 분명해졌다.

7080 병영일기

지 은 이 안치환
펴 낸 이 김홍열
디 자 인 임근종

초판발행 2015년 3월 10일
펴 낸 곳 율도국
주 소 서울시 도봉구 도봉동 609-32 (3층)
출판등록 2008년 07월 31일
전 화 02) 3297-2027
팩 스 0505-868-6565
홈페이지 http://www.uldo.co.kr
메 일 uldokim@hanmail.net
I S B N 9788997372492 03810